JN095947

杉本敏夫 監修
最新・はじめて学ぶ社会福祉

12

福祉サービスの
組織と経営

小口将典

編著

ミネルヴァ書房

シリーズ刊行によせて

　この度，新たに「最新・はじめて学ぶ社会福祉」のシリーズが刊行されることになった。このシリーズは，もともと1998年に，当時岡山県立大学の教授であった故大島侑先生が監修されて「シリーズ・はじめて学ぶ社会福祉」として始まったものであった。当時，現監修者の杉本も岡山県立大学に勤務しており，一部の執筆と編集を担当した。そのような縁があって，その後，杉本が監修を引き継ぎ，2015年に「新・はじめて学ぶ社会福祉」のシリーズを刊行していただいた。

　この度の新シリーズ刊行は，これまでの取り組みをベースに，ちょうど社会福祉士の新しく改正されたカリキュラムが始まることに対応して新しいシラバスにも配慮しつつ，これからの社会福祉について学べるように改訂し，内容の充実を図るものである。また，これまでのシリーズは社会福祉概論や老人福祉論といった社会福祉の中核に焦点を当てた構成をしていたが，今回のシリーズにおいては，いままで以上に社会福祉士の養成を意識して，社会学や心理学，社会福祉調査等の科目もシリーズに加えて充実を図っているのが特徴である。

　なお，これまでの本シリーズの特徴は，①初心者にもわかりやすく社会福祉を説明する，②社会福祉士，精神保健福祉士，介護福祉士，保育士等の養成テキストとして活用できる，③専門職養成の教科書にとどまらないで社会福祉の本質を追究する，ということであった。この新しいシリーズでも，これらの特徴を継続することを各編集者にはお願いをしているので，これから社会福祉を学ぼうとしている人びとや学生は，そのような視点で社会福祉を学べるものと思う。

　21世紀になり，社会福祉も「地域包括」や「自助，互助，共助，公助」と

いった考え方をベースにして展開が図られてきた。そのような流れの中で，社会福祉士や精神保健福祉士もソーシャルワーカーとしての働きを模索，展開してきたように思うし，ソーシャルワーカー養成も紆余曲折を経ながら今日に至ってきた。複雑多様化する生活問題の解決を，社会がソーシャルワーカーに期待する側面もますます強くなってきている。さらには，社会福祉の専門職である保育士や介護福祉士がソーシャルワークの視点をもって支援や援助を行い，社会福祉士や精神保健福祉士と連携や協働が必要な場面が増加している。それと同時に，社会福祉士や精神保健福祉士としての仕事を遂行するのに必要な知識や技術も複雑，高度化してきている。社会福祉士の養成教育の高度化が求められるのも当然である。

　このまえがきを執筆しているのは，2021年1月である。世の中は新型コロナが蔓延しているまっただ中にある。新型コロナは人びとの生活を直撃して，生活の困難が拡大している。生活の困難に対応する制度が社会福祉の制度であり，それを中心となって担うのが社会福祉の専門職である。各専門職がどのような役割を果たすのかが問われているように思う。

　新型コロナはいずれ終息するであろう。その時に，我々の社会や生活はどのような形になるのであろうか。人びとの意識はどのように変化しているのであろうか。また，そのような時代に社会福祉の専門職にはどのようなことが期待されるのであろうか。まだまだよくわからないのが本当であろうが，我々は社会福祉の立場でこれらをよく考えておくことも重要ではないかと思われる。

　2021年1月

　　　　　　　　　　　　　　　　　　　　監修者　杉本敏夫

はじめに

　ディズニーランドは，現実を忘れさせてくれる「夢と魔法の王国」だといわれています。多くの人が一歩足を踏み込んだ瞬間に，胸のなかで高鳴る何かを感じた経験があることでしょう。ディズニーランドでは，訪れるお客様を夢の時間に招待した"ゲスト"と呼び，働く従業員はパークを訪れるゲストに夢の時間を届ける"キャスト"と呼んでいます。そして，パークで働くキャストの9割がパートやアルバイトです。

　日本で顧客満足度がトップクラスであるといわれる東京ディズニーランドですが，実務的なオペレーションのマニュアルや，すべての考え方や行動の基本となる哲学（ディズニー・フィロソフィー）は存在しても，サービスの一つひとつが記された細かいマニュアルは存在しません。創設者である，ウォルト・ディズニーの「自分のためにつくろうとするな。お客様が求めるものを知り，お客様のためにつくるのだ」という言葉のように，どのように行動すればゲストに喜びを与えることができるのかが人材養成の基本にあるのです。

　その人材養成の成果が表れたのが，2011年3月11日の東日本大震災でした。あの日，東京ディズニーランド・東京ディズニーシーも例外ではなく，あわせて約7万人がパーク内で被災し，帰宅困難となってパーク内に留まったゲストは2万人もいました。パークからはいつもの歓喜は消え，緊張とざわめきに囲まれていました。その時，そこにいたキャストの対応を紹介します。

　ある女性キャストは，とっさにダッフィーのぬいぐるみを親子連れに手渡した。
「これで，頭を守ってください！」
　ある男性キャストは，ショップで販売するグッズが入ったダンボールやゴミ袋をかき集め，配り歩く。ふだんは絶対にゲストの目に触れさせないものだ。
「これをかぶって寒さをしのいでください！」
　別の女性キャストは，交通機関が止まり，陸の孤島に取り残されたゲストにショップのお菓子を笑顔で配ってまわった。
　震えそうな気温の中，キャストの笑顔に救われたゲストも少なくなかった。

レストランでは，テーブルの下に避難していた女の子の肩をキャラクターたちが
やさしくポンポンと叩いて励ます。
　時間を忘れてゲストに寄り添うキャストやキャラクターたち。
　自らも家が被災したり，被災地に家族や友人がいるキャストもいただろう。それ
でも，彼らは目の前のゲストを守りきることに全身全霊をかけた。(中略)
　キャストたちが行ったゲストのための行動は，どれも緊急時の行動基準を理解し
たうえで，それぞれの自分の判断で工夫していたということが，さらに人びとの心
を動かした。

出所：鎌田洋（2012）『ディズニー　サービスの神様が教えてくれたこと』
ソフトバンククリエイティブ，2〜4頁。

　こうしたキャストの対応の基本には，「いま目の前にいるゲストに自分は何
ができるのか」という精神（価値・倫理）があります。そして，ゲストとキャ
ストの間で「想像を超えた何か」が生まれた時，人は心を動かされるのです。
福祉にかかわる専門職も同じです。マニュアル通りに進めることは難しく，目
の前にいるクライエントの状況から，支援に携わる一人ひとりの専門職として
の価値・倫理を踏まえた判断によって柔軟に対応していくことが求められます。
触れ合いのなかで心を通わせ，小さな成長，変化，人がもつ力を実感すること
ができた瞬間に福祉の仕事の面白さとやりがいがあります。専門性はそのなか
で，絶えず磨き鍛えられていくものなのです。

　本書は，社会福祉士養成カリキュラムに準拠したテキストであり，福祉サー
ビスの質を左右する施設運営と人材養成についてできる限りわかりやすく執筆
するようにしました。本書を手にした読者が福祉に携わる仲間として，福祉の
仕事の未来を語り，互いの力を磨き合い，新たな支援につながることを願って
います。専門職としての価値・倫理について意識しながら学びを進めてみてく
ださい。

2022年2月

編者　小口将典

目　　次

第IV部　福祉サービスの実際と課題

第Ⅰ部

福祉サービスの仕組み

第1章

福祉サービスの制度改革と経営

　1951（昭和26）年社会福祉事業法の制定以来，あまり変化のなかったわが国の社会福祉の制度であるが，時代の変化に伴って1998（平成10）年から，中央社会福祉審議会の論議を経て社会福祉事業法をはじめとする関連の法律が一度に改正された。これらの一連の改革が社会福祉基礎構造改革である。本章では，社会福祉基礎構造改革のポイントを踏まえ，「措置から契約へ」の流れのなかで福祉サービスに「経営」の視点が求められるようになった背景を理解しよう。

1　社会福祉サービスの歴史

（1）戦後における福祉サービスの成り立ち

　戦前の日本では「社会福祉」という用語はあまり用いられず「善意事業」「社会事業」が一般的であった。福祉に関するサービスはほとんどなく，家族や隣人によって介護が担われていた。1874（明治7）年に明治政府が生活困窮者の公的救済を目的としてはじめて国家救済を規定した**恤救規則**は，その前文において「救済は人民相互の 情 誼 によって行うべきものである」とし，それがかなわない，労働能力を欠きかつ「**無告の窮民**」であることを救済の条件としていた。つまり，国民同士の人情や誠意を基本的とし，対象者は70歳以上の廃疾者・老衰者・長病者，13歳以下の孤児などで，身寄りがなく，労働が不能で，極貧の状態にある者に限って，米の重さなどを換算して現物支給するものであった。

　その後，1929（昭和4）年に今日の公的扶助の原型といえる**救護法**が制定さ

れ，救済の範囲が拡大された。救護法は居宅救護を原則としていたが，それができないときには，養老院，孤児院，病院などの施設に収容すること，または私人の家庭その他に委託することとされていた。

　1938（昭和13）年には社会福祉事業法の前身となる社会事業法が制定され，救貧事業，養老事業，育児院などの民間社会福祉サービスに助成する制度ができ，施設の濫立や不良施設防止のための規制が行われた。[(1)]

　1945（昭和20）年に終戦を迎え，翌年に制定された日本国憲法のもとで国づくりを進めるなかで，本格的な社会福祉制度の基盤整備が進められることになった。戦後の新しい社会福祉制度は，下記に示す憲法第11条の**基本的人権**，第13条の**幸福追求権**，第14条の**法の下の平等**，第25条の**生存権**を国家責任で保障し，「無差別平等」「公私分離」「最低生活保障」の諸原理を基軸において構築されてきた。

第11条　国民は，すべての基本的人権の享有を妨げられない。この憲法が国民に保障する基本的人権は，侵すことのできない永久の権利として，現在及び将来の国民に与へられる。

第13条　すべて国民は，個人として尊重される。生命，自由及び幸福追求に対する国民の権利については，公共の福祉に反しない限り，立法その他の国政の上で，最大の尊重を必要とする。

第14条　すべて国民は，法の下に平等であつて，人種，信条，性別，社会的身分又は門地により，政治的，経済的又は社会的関係において，差別されない。

第25条　すべて国民は，健康で文化的な最低限度の生活を営む権利を有する。
　国は，すべての生活部面について，社会福祉，社会保障及び公衆衛生の向上及び増進に努めなければならない。

　戦後，すぐに求められたのは戦地からの引揚者や家や仕事を失くした生活困窮者に対する支援であった。そのため1946（昭和21）年に**生活保護法**が制定され，1947（昭和22）年には戦争孤児や浮浪児への対策から**児童福祉法**が制定された。さらに，1949（昭和24）年には，戦争による傷痍者への対策から**身体障害者福祉法**が制定された。[(2)]

　このように戦後の社会状況のなかで制定された生活保護法，児童福祉法，身体障害者福祉法は，**福祉三法**と呼ばれている。

（2）社会福祉事業法の制定

　戦後の復興において社会福祉に関する制度や法律が制定されるなかで，社会福祉事業の全分野における共通的な基本事項を定め，公明かつ適正にその事業が行われることを確保することが必要になってきた。1951（昭和26）年に**社会福祉事業法**が制定され，社会福祉事業の範囲や事業経営の準則，社会福祉法人，福祉事務所，社会福祉協議会，共同募金など公私の社会福祉に関する細かな規定が示された。

　社会福祉事業法の大きな特徴として，民間の社会福祉事業の主体として**社会福祉法人**が創設され，実際の福祉サービス提供に係る業務の多くについて，国や地方公共団体（措置権者）が社会福祉法人に措置権限を委託する仕組みが構築されたことが挙げられる。憲法第25条によって規定された「すべての生活部面について，社会福祉，社会保障及び公衆衛生の向上及び増進」は国の責務であるが，これに対応するために国および地方公共団体が機関・事業・施設のすべてを運営するには限界がある。民間の社会福祉法人に事業を委託することによって，公的責任による福祉を拡充するシステムを構築したのである。そのため，社会福祉法人は社会福祉事業を行うことを目的とする非営利の特別法人として，行政機関の特別監督下に置かれ，公費の助成や税制の優遇がなされてきた。国，地方公共団体と並んで**第一種社会福祉事業**（入所施設等，利用者への影響が大きく経営の安定化が求められる事業）の運営主体に位置づけられ，措置制度のもとで戦後の社会福祉事業を牽引してきたのである[3]。

　一方で，**措置制度**（イメージは図1-1参照）は，行政が公的責任に基づいての行政処分によって福祉サービスを決定し，職権をもって救済や福祉サービスにつなげるものであった。そのため，社会福祉事業法の内容は福祉サービスを提供する側の規定がほとんどであり，福祉サービスを利用する側の保護に関しての規定はなかった。

（3）福祉サービスの拡充と新たな課題

　戦後の混乱から抜け出し，高度経済成長を迎えた頃には，社会の変化に対応するために新たな福祉課題への対応が求められるようになる。1960（昭和35）

図 1-1　措置制度と契約制度のイメージ

出所：直島正樹・原田旬哉編（2015）『図解で学ぶ保育　社会福祉』萌文書林，73頁。

年には，知的障害者を支援する法律として精神薄弱者福祉法（現，知的障害者福祉法），高齢者人口の増加への対応として1963（昭和38）年に老人福祉法，戦争によって夫を亡くした女性を支援するため，また離婚率の増加によって1964（昭和39）年に母子及び寡婦福祉法（現，母子及び父子並びに寡婦福祉法）が制定された。戦後に制定された福祉三法とあわせて，これを**福祉六法**と呼んでいる。

　こうして社会福祉に関する法律が制定され，社会福祉法人への委託も増加し，法人の数も増加したが，いずれも措置制度を基本としていた。措置制度の課題として「サービスの画一化」が挙げられる。すでに述べたように措置制度は，国や地方公共団体の措置権者が，社会福祉法人に福祉サービスを委託して実施される。社会福祉法人には，国が設備・人員配置，サービスに関する「最低基準」を規定し，その水準を満たしていれば措置費として事業収入を得ることができた。そのため，実質的なサービス水準は，規定されている「最低基準」がスタンダードになるという課題を生じさせた。福祉サービスを利用する側を保

護する詳細な規定が社会福祉事業法にはなかったことから，たとえば，「入所施設における1週間における入浴が2回以上，適切な方法にて入所者を入浴させて，又は清しきしなければならない」が基準であれば，入浴回数は週2回となり，最低水準がそのまま福祉サービスの内容になってしまい，利用者への福祉サービスの質に関する取り組みはほとんどなされなかった。⁽⁵⁾

　1960（昭和35）年頃から，**ノーマライゼーション**などの人権思想が世界各地に広がり，1971（昭和46）年に**知的障害者の権利宣言**，1975（昭和50）年には**障害者の権利宣言**へとつながり，これまでの保護的な視点の社会福祉から，自立や社会参加など人権の主体としての福祉へ転換が図られるようになる。

　利用者の権利が低く扱われてしまう措置制度を見直して，利用者が権利の主体者として福祉サービスを利用するシステムを構築することや，多様なサービス提供主体の参入を促し市場の競争原理による質の向上を目指すことが必要となり，戦後から50年が経過した時期に，「措置から契約へ」という社会福祉制度の抜本的な見直を行う**社会福祉基礎構造改革**がなされることとなる。

2　社会福祉基礎構造改革

（1）改革に至るまでの背景

　社会福祉の制度は戦後間もない時期において，戦争被災者，引揚者などが急増するなかで，生活困窮者対策を中心として出発し，その後の経済成長とともに発展を遂げてきた。しかし，少子・高齢化の進展，家庭機能の変化，障害者の自立と社会参加の進展に伴い，社会福祉制度についても，かつてのような限られた者の保護・救済にとどまらず，国民全体を対象として，その生活の安定を支える役割を果たしていくことが期待されるようになってきた。国民が社会福祉に求めるニーズも多様なものとなり，こうした社会からの要請に十分対応していくため，社会福祉の基礎構造全般について抜本的な改革がなされることになった（図1-2）。

　改革の流れとして，1997（平成9）年の児童福祉法の改正によって保育所入所方式の措置制度が市町村との契約方式に転換され，高齢者福祉分野では1997

図 1-2　社会福祉基礎構造改革の必要性

出所：厚生労働省（1998）「『社会福祉基礎構造改革について（中間まとめ）』の要点」。

（平成 9）年12月に成立した介護保険法（2000（平成12）年 4 月施行）によって高齢者福祉サービスの利用方式が一部措置制度を残しつつも**契約制度**になった。

　さらに，1998（平成10）年には，中央社会福祉審議会・社会福祉基礎構造改革分科会により「社会福祉基礎構造改革について（中間まとめ）」（以下，中間まとめ）と「社会福祉基礎構造改革を進めるにあたって（追加意見）」が公表され，2000（平成12）年に「社会福祉増進のための社会福祉事業法等の一部を改正する等の法律」が成立し，社会福祉事業法，身体障害者福祉法，知的障害者福祉法，児童福祉法，民生委員法，社会福祉施設職員等退職手当共済法，生活保護法，公益質屋法の 8 法が改正された。

（2）改革の基本的方向と理念

　社会福祉基礎構造改革では，「個人が人としての尊厳をもって，家庭や地域のなかで，障害の有無や年齢にかかわらず，その人らしい安心のある生活が送れるように自立を支援すること」（中間まとめより）を目指し，これまでの限られた者の保護・救済にとどまらず，国民が自らの生活を自らの責任で営むことが基本としながらも，生活上のさまざまな問題が発生し，自らの努力だけでは自立した生活を維持できなくなる場合には，国が社会連帯の考え方に立った支

7

援を行うことを基本的な枠組みとしている。

　そして，以下の7点を社会福祉基礎構造の理念として挙げている（中間まとめより）。

---

(1) 対等な関係の確立

　個人が尊厳を持ってその人らしい生活を送れるよう支援するという社会福祉の理念に対応し，サービスの利用者と提供者との間に対等な関係を確立する。

(2) 地域での総合的な支援

　利用者本位の考え方に立って，利用者を一人の人間としてとらえ，その人の需要を総合的かつ継続的に把握し，その上で必要となる保健・医療・福祉の総合的なサービスが，教育，就労，住宅，交通などの生活関連分野とも連携を図りつつ，効率的に提供される体制を利用者の最も身近な地域において構築する。

(3) 多様な主体の参入促進

　利用者の幅広い需要に応えるためには様々なサービスが必要であることから，それぞれの主体の性格，役割等に配慮しつつ，多様なサービス提供主体の参入を促進する。

(4) 質と効率性の向上

　サービスの内容や費用負担について，国民の信頼と納得が得られるよう，政府による規制を強化するのではなく，社会福祉従事者の専門性の向上や，サービスに関する情報の公開などを進めるとともに，利用者の選択を通じた適正な競争を促進するなど，市場原理を活用することにより，サービスの質と効率性の向上を促す。

(5) 透明性の確保

　利用者による適切なサービスの選択を可能にするとともに，社会福祉に対する信頼を高めるため，サービスの内容や評価等に関する情報を開示し，事業運営の透明性を確保する。

(6) 公平かつ公正な負担

　高齢化の進展等により増大する社会福祉のための費用を公平かつ公正に負担する。

(7) 福祉の文化の創造

　社会福祉に対する住民の積極的かつ主体的な参加を通じて，福祉に対する関心と理解を深めることにより，自助，共助，公助があいまって，地域に根ざしたそれぞれに個性ある福祉の文化を創造する。

　このように，社会福祉基礎構造改革によって，福祉サービスを提供する事業者と利用者を対等な立場に位置づけ，利用者の選択と契約によるサービス利用を原則とし，福祉サービスの多くが措置制度から契約制度へと移行した。さら

```
┌─────────────────────────────────────────────┐
│            改 革 の 基 本 的 方 向              │
├─────────────────────────────────────────────┤
│  ①  サービスの利用者と提供者の対等な関係の確立    │
│  ②  個人の多様な需要への地域での総合的な支援      │
│  ③  幅広い需要に応える多様な主体の参入促進        │
│  ④  信頼と納得が得られるサービスの質と効率性の向上  │
│  ⑤  情報公開等による事業運営の透明性の確保        │
│  ⑥  増大する費用の公平かつ公正な負担            │
│  ⑦  住民の積極的な参加による福祉の文化の創造      │
└─────────────────────────────────────────────┘
```

```
┌─────────────────────────────────────────────┐
│            社 会 福 祉 の 理 念                 │
├─────────────────────────────────────────────┤
│ ○国民が自らの生活を自らの責任で営むことが基本      │
│                                             │
│ ○自らの努力だけでは自立した生活を維持できない場合に │
│   社会連帯の考え方に立った支援                   │
│                    ↓                        │
│ ○個人が人としての尊厳をもって，家庭や地域の中で，そ  │
│   の人らしい自立した生活が送れるよう支える         │
└─────────────────────────────────────────────┘
```

図 1 - 3　社会福祉基礎構造改革の必要性

出所：厚生労働省（1998）「『社会福祉基礎構造改革について（中間まとめ）』の要点」。

に，これまでは地方公共団体や社会福祉法人など限られた団体が福祉サービスを提供していたが，多様なサービス提供主体の参入を促進したことから，株式会社などが一部の福祉サービスを提供できるようになった。いわゆる競争原理を用いて，福祉サービスの質の向上と，透明性の確保などが目指された（図1 - 3）。

（3）主な改革の内容

　社会福祉基礎構造改革の全体像は，図1 - 4の通りである。ここまで述べてきたように，「福祉需要の多様化」に伴って，「社会福祉法人の活性化」や「多様な主体の参入促進」を目指し，「事業情報の提供」「サービスの質の向上」「事業の透明性を確保」を促して，利用者の「保護制度の整備」や「地域福祉

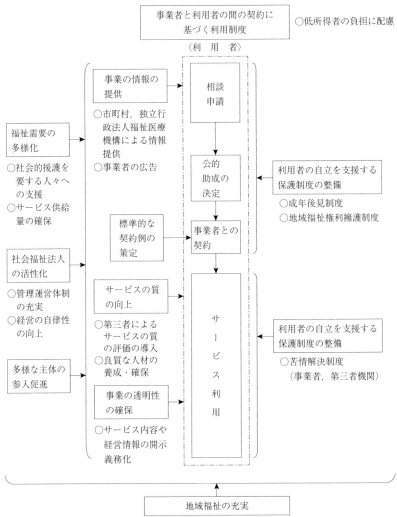

図 1-4　社会福祉基礎構造改革の全体像

出所：厚生労働省（2004）「社会福祉事業及び社会福祉法人について（説明資料）」。

図1-5　措置制度から契約制度へ

注：ただし，要保護児童に関する制度などについては，措置制度を存
　　続している。
出所：厚生労働省（1999）「社会福祉基礎構造改革の全体像について」。

の充実」が目指されている。

　特に，社会福祉事業法から**社会福祉法**に改正されたことによって，これまで
の社会福祉の仕組みとは大きく変更された。社会福祉法第1条では「社会福祉
を目的とする事業の全分野における共通的基本事項を定め，社会福祉を目的と
する他の法律と相まつて，福祉サービスの利用者の利益の保護及び地域におけ
る社会福祉（以下「地域福祉」という。）の推進を図るとともに，社会福祉事業の
公明かつ適正な実施の確保及び社会福祉を目的とする事業の健全な発達を図り，
もつて社会福祉の増進に資することを目的とする」と定めている。

　社会福祉法を踏まえ，社会福祉基礎構造改革による内容は，以下の4点に整
理することができる。

　①　利用者の立場に立った社会福祉制度の構築

　福祉サービスの利用方法をこれまでの措置制度から契約制度に移行し，利用
者の選択と契約によるサービス利用を原則とした（図1-5）。措置制度では，
行政処分であることから利用者（家族）が受けたいサービスを選択することが
できないことや，利用者とサービス提供事業者に契約関係が生じないため関係
が不安定という課題があった。

　契約制度に伴って，利用者の「個の尊重」が重要視されるようになり，サー
ビスの提供者主体から，利用者主体の福祉に基本的な枠組みが大きく変更され
た。社会福祉法第1条で「福祉サービスの利用者の利益の保護」が示されたこ
とで，同法第82条では「社会福祉事業の経営者による苦情の解決」や，同法第
83条では「**運営適正化委員会**」など，福祉サービスに対する利用者の苦情や意
見を幅広く汲み上げ，サービスの改善を図る観点から，第三者が加わった施設
内における苦情解決の仕組みが創設された。

②　サービスの質の向上

社会福祉法第75条では福祉サービスを利用しようとする者への「情報の提供」が定められており，事業者によるサービス内容に関する情報の提供や事業運営の透明性の確保が示されている。さらに同法第78条では「福祉サービスの質の向上のための措置等」として，自らその提供する福祉サービスの質の評価を行うことや，常に福祉サービスを受ける者の立場に立って良質かつ適切な福祉サービスを提供することが求められている。

さらに，同法第89条では社会福祉事業等に従事する者の確保および「国民の社会福祉に関する活動への参加の促進を図るための措置」を定めて良質なサービスを支える人材を養成・確保することが目指されている。そして，同法第94条第4項・第100条第4項では，「社会福祉事業等従事者」や「社会福祉事業等に従事しようとする者」に対して研修を行うことなどを定めて，人材の確保と質の強化への取り組みを行うことが示されている。

③　社会福祉事業の充実・活性化

社会福祉に対する需要の多様化に対応し，権利擁護のための相談援助事業，障害者（児）生活支援相談事業，手話通訳事業，盲導犬訓練事業，知的障害者デイサービス事業などの9事業が社会福祉事業に追加された。また，在宅での福祉サービスを強化するために社会福祉法人の設立要件が緩和され，在宅サービス事業等を経営する社会福祉法人の資産要件の大幅引き下げや，通所施設の用に供する土地・建物について賃借を認められるようになった。さらに，すでに一部事業への多様な事業主体の参入を認め，社会福祉事業の活性化が図られることになった。

④　地域福祉の推進

社会福祉法の第4条では，地域福祉の推進として，「地域住民が相互に人格と個性を尊重し合いながら，参加し，共生する地域社会の実現を目指して行われなければならない」と定められ，**「地域福祉」**ははじめて法律上の用語となった。

さらに，社会福祉法では，新たに地域福祉計画の策定が法制化され，それぞれの自治体の地域福祉に関する方策を検討することが求められている。地域福

祉計画は,「市町村地域福祉計画」および「都道府県地域福祉支援計画」からなる行政計画があり,それぞれ社会福祉法第107条,第108条に規定されている。また,これらの行政計画に対して,民間の立場から地域福祉推進の推進を示したものが「地域福祉活動計画」である。同法第109条の規定に基づき,地域福祉を担う中心的な団体として位置づけられた社会福祉協議会が中心となって策定計画が行われる。地域住民の立場から多様な民間組織や関係機関の協力のもと「福祉のまちづくり」を進めることが求められている。

3　社会福祉事業の「運営」から「経営」への転換

（1）社会福祉法人制度の改革

　社会福祉基礎構造改革を経て,社会福祉制度の転換が行われたが,社会福祉サービスを運営する社会福祉法人などについてはこれまであまり大きな改革はなされてこなかった。

　しかし,2016（平成28）年に社会福祉法等の一部を改正する法律が可決され,社会福祉法人制度の改革が行われることになった。この制度改革は,社会福祉法人制度について経営組織のガバナンスの強化,事業運営の透明性の向上等の改革を進めること,および社会福祉法人の公益性・非営利性を確保する観点から制度を見直し,国民に対する説明責任を果たし,地域社会に貢献する法人の在り方を徹底することを目的としている。社会福祉法人制度改革の主な内容は図1-6の通りである。

　①　経営組織のガバナンス強化

　経営組織の在り方について,社会福祉法人を一般財団法人・公益財団法人と同等以上の公益性を担保できる経営組織へと変更した。

　これまでは理事会による理事・理事長に対する牽制機能が制度化されておらず,理事,理事長の役割,権限の範囲が明確でなかった。そのため,理事会を業務執行に関する意思決定機関として位置づけ,理事・理事長に対する牽制機能を働かせ,理事等の義務と責任を法律上規定した。

　また,評議員会はこれまで任意設置の諮問機関であったため,理事・理事長

○　公益性・非営利性を確保する観点から制度を見直し，国民に対する説明責任を果たし，地域
　社会に貢献する法人の在り方を徹底する

1. 経営組織のガバナンスの強化 □ 理事・理事長に対する牽制機能の発揮 □ 財務会計に係るチェック体制の整備	●議決機関としての評議員会を必置 ※理事等の選任・解任や役員報酬の決定など重要事項を決議 　（注）小規模法人について評議員定数に係る経過措置を設ける。 ●役員・理事会・評議員会の権限・責任に係る規定の整備 ●親族等特殊関係者の理事等への選任の制限に係る規定の整備 ●一定規模以上の法人への会計監査人の導入　等
2. 事業運営の透明性の向上 □ 財務諸表の公表等について法律上明記	●閲覧対象書類の拡大と閲覧請求者の国民一般への拡大 ●財務諸表，現況報告書（役員報酬総額，役員等関係者との取引内容を含む。）， 　役員報酬基準の公表に係る規定の整備　等
3. 財務規律の強化 ① 適正かつ公正な支出管理の確保 ② いわゆる内部留保の明確化 ③ 社会福祉事業等への計画的な再投資	①役員報酬基準の作成と公表，役員等関係者への特別の利益供与を禁止　等 ②純資産から事業継続に必要な財産(※)の額を控除し，福祉サービスに再投下 　可能な財産額（「社会福祉充実残額」）を明確化 　※①事業に活用する土地，建物等 ②建物の建替，修繕に必要な資金 ③必要な運転資金 ④基本金，国庫補助等特別積立金 ③再投下可能な財産額がある社会福祉法人に対して，社会福祉事業又は公益事 　業の新規実施・拡充に係る計画の作成を義務づけ（①社会福祉事業，②地域公益事 　業，③その他公益事業の順に検討）　等
4. 地域における公益的な取組を 　実施する責務 □ 社会福祉法人の本旨に従い他の主体で 　は困難な福祉ニーズへの対応を求める	●社会福祉事業又は公益事業を行うに当たり，日常生活又は社会生活上支援を 　要する者に対する無料又は低額の料金で福祉サービスを提供することを責務 　として規定 ※利用者負担の軽減，無料又は低額による高齢者の生活支援等
5. 行政の関与の在り方 □ 所轄庁による指導監督の機能強化 □ 国・都道府県・市の連携を推進	●都道府県の役割として，市による指導監督の支援を位置づけ ●経営改善や法令遵守について，柔軟に指導監督する仕組み（勧告等）に関す 　る規定を整備 ●都道府県による財務諸表等の収集・分析・活用，国による全国的なデータ 　ベースの整備　等

図1-6　社会福祉法人制度改革の主な内容

出所：厚生労働省「社会福祉法人制度改革について」。

に対する牽制機能が不十分であったことから，親族などを理事や評議員にする
ことが認められており，社会福祉法人の私物化にもつながっているケースなど
があった。改正によって，評議員会は法人運営の基本ルール・体制の決定と事
後的な監督を行う機関として位置づけられ，必置の議決機関となった。

　その他，監事の権限，義務（理事会への出席義務，報告義務等），責任を法律上
規定し，株式会社と同様のガバナンス規定が設けられた。

　②　運営の透明化について

　社会福祉法人の高い公益性に照らし，公益財団法人以上の運営の透明性を確
保することとし，これまでは公開範囲が限られていた資料について一般公開が
義務づけられるようになった。各事業所には貸借対照表，収支計算書，事業報
告書といった書類を据え置き，さらに定款や役員報酬をもインターネット上に
公表することになったため，透明性の確保が強化された（表1-1）。

表 1-1　透明性の確保における公表について

	改正前		改正後		公益財団法人		規制改革実施計画
	備置き・閲覧	公表	備置き・閲覧	公表	備置き・閲覧	公表	公表
事業報告書	○	—	○	—	○	—	—
財産目録	○	—	○	—	○	—	—
貸借対照表	○	○(通知)	○	○	○	○	○(通知で措置済)
収支計算書(事業活動計算書・資金収支計算書)	○	○(通知)	○	○	○	○	○(通知で措置済)
監事の意見を記載した書類	○	—	○	—	○	—	—
現況報告書(役員名簿・補助金,社会貢献活動に係る支出額,役員の親族等との取引状況を含む。)	—	○(通知)	○	○	○	○	○
役員区分ごとの報酬総額	—	—	○(※)	○(※)	○	○	○
定款	—	—	○	○	○	○	—
役員報酬基準	—	—	○	○	○	○	—
事業計画書	—	—	○	—	—	—	—

(※) 現況報告書に記載

出所：厚生労働省「社会福祉法人制度改革について」。

③　社会福祉法人の財務規定について

　社会福祉法人が保有する財産については，事業継続に必要な財産（控除対象財産）を控除したうえで，再投下対象財産（社会福祉充実財産）を明確化すること，また，社会福祉充実財産が生じる場合には，法人が策定する社会福祉充実計画に基づき，既存事業の充実や新たな取り組みに有効活用する仕組みを構築することとされた（図 1-7）。

　社会福祉法人は税制面での優遇を受けてきたが財務諸表などを公開していない法人が多かったことから，過大な内部留保などにつながり，支出管理が不透明であった。純資産額から事業の継続に必要な財産額を引いた額を明確にすることで，それ以上の額を保有している事業者に対しては，新規の公益事業や福祉事業を行う社会福祉充実計画の作成を義務づけるように改正された。社会福

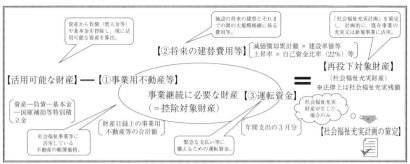

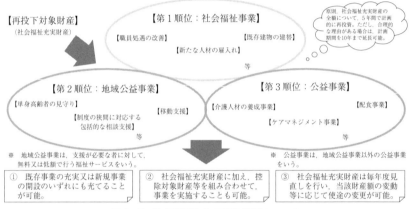

図1-7　社会福祉法人の財務規定について

出所：厚生労働省「社会福祉法人制度改革について」より一部改変。

祉充実財産の使途は，社会福祉事業，地域公益事業，公益事業の順とされている。

④　地域における公営的な取り組み

社会福祉法人の公益性・非営利性を踏まえ，法人の本旨から導かれる本来の役割を明確化するため，「**地域における公益的な取組**」の実施に関する責務規定が創設された（図1-8）。

具体的なサービス等は限定されてはいないが，「その地域において少子高齢化や人口減少などを踏まえたニーズを把握して無料又は低額な料金で提供すること」とされている。

【社会福祉法人】

① 社会福祉事業又は公益事業
を行うに当たって提供される
「福祉サービス」であること

地域における公益的な取組

② 「日常生活又は社会生活上
の支援を必要とする者」に対
する福祉サービスであること

(留意点)
（在宅の単身高齢者や
障害者への見守りなど）

(留意点)
法人の費用負担により，料金を徴収しない又は費用を
下回る料金を徴収して実施するもの

(留意点)
（生活困窮世帯の子どもに
対する学習支援など）

(留意点)
社会福祉と関連のない
事業は該当しない

③ 無料又は低額な料金で提供されること

(留意点)
心身の状況や家庭
環境，経済的な理
由により支援を要
する者が対象

○　社会福祉法人の地域社会への貢献
　　⇒　各法人が創意工夫をこらした多様な「地域における公益的な取組」を推進

地域において，少子高齢化・人口減少などを踏まえた福祉ニーズに対応するサービスが充実

	高齢者の住まい探しの支援	障害者の継続的な就労の場の創出	子育て交流広場の設置	複数法人の連携による生活困窮者の自立支援	ふれあい食堂の開設
地域が抱える課題	加齢により転居を希望する高齢者の存在	商店街の閉鎖，障害者の就労の場の確保	子育てで孤立する母親の存在	雇用情勢の悪化による生活困窮者の増加	地域で孤立する住民の増加
対象者	高齢者	障害者や高齢者	子育てに悩みを抱える母親	生活困窮者	社会的に孤立する者
取組内容	高齢者の転居ニーズと，不動産業者のニーズをマッチングし，法人が転居後も生活支援を継続することにより，不動産業者が安心して高齢者に住まいを賃貸できる環境づくりを実施。	行政や市場関係者の協力を得て，スーパーマーケットを開設するとともに，そこで障害者等が継続的に就労。	施設の地域交流スペースを活用し，保育士OBや民生委員等のボランティアと連携することにより，子育てに関する多様な相談支援を行うとともに，近隣の子どもに対する学習支援を実施。	複数の法人が拠出する資金を原資として，緊急的な支援が必要な生活困窮者に対し，CSWによる相談支援と，食料等の現物給付を併せて実施。	地域住民が気軽に集える「ふれあい食堂」を設置するとともに，管理者として介護支援専門員を配置し，相談支援や地域の子育てママと子どもの交流会，ボランティアに対する学習会などを実施。
取組による主な効果	高齢者が地域で安心して暮らせる環境の整備，空き家問題の解消	障害者の就労促進，「買い物難民」問題の解消	子育てママの孤立感の解消，地域交流の促進	生活困窮者の自立促進	地域で孤立する住民の孤独感の解消，住民相互の支えあいによる取組の促進

図1-8　地域における公益な取組

出所：厚生労働省「社会福祉法人制度改革について」より一部改変。

⑤　行政の関与の在り方

これまで，社会福祉法人は国・都道府県・市から指導や監査を受けてきたが，制度改革によって行政の関与の在り方を見直し，より強固な監視体制となった。これまでは計算書類と現況報告書だけの提出であったものが，事業報告書や役員等報酬基準など複数の書類の提出が義務づけられた。さらに，必要に応じて国・都道府県・市が「法人の業務もしくは財産状況について報告を求めること」や「事務所その他の施設に立ち入り，業務財産の状況もしくは帳簿，書類その他の物件の検査をすること」ができるような権限が与えられ，その法人が著しくその適正を欠くと認めたときには勧告を行い，それでも従わないような場合にはその旨を公表することができるとされている。

（2）求められる「経営」の視点

社会福祉法人は，福祉サービス提供主体の中核として，これまで大きな役割を果たしてきた。一方で，戦後からの措置制度のもとでは，ほとんど自動的に利用者が確保されてきたことや，事業の運営では，補助金や措置費は目的を限定して使うべきものとされ，費用を使い切ることがよい運営をしていることのように判断されてきた側面がある。そのため，「経営」という概念はなく，それが福祉サービスの質の担保や支援の創意工夫を阻害してきたともいえる。

しかし，社会福祉基礎構造改革を契機に，措置制度から契約制度へと変わったことにより，地域のニーズに即して，利用者に選ばれる事業を追求しなければならなくなっている。さらに，より**コンプライアンス（法令の遵守）**と，**ガバナンス（組織の統制）**に取り組むことによって，財政基盤の強化と地域社会へ貢献することが求められている。このような課題に対応するため，自らの社会的使命・経営理念をもとに，サービス，組織運営，財務・コストの観点から，法人組織内部の経営体制を整備し，経営基盤を確立していくことが，社会福祉法人などの事業所に求められている「経営」である。

利用者や地域のニーズに応え，よりよいサービスをいかに提供するか，また，そのための体制をどのように作り上げていくかという取り組みには「経営」の手法が必要であり，福祉サービスを提供する組織には大きな転換が求められて

いるのである。

注

(1)　一般財団法人日本ソーシャルワーク教育学校連盟編（2021）『福祉サービスの組織と経営』中央法規出版，27頁。

(2)　(1)と同じ，27頁。

(3)　福祉臨床シリーズ編集委員会編（2019）『福祉サービスの組織と経営（第3版）』弘文堂，4頁。

(4)　(3)と同じ，4頁。

(5)　(3)と同じ，5頁。

キーワード一覧表

☐　**社会福祉基礎構造改革**　わが国の社会福祉制度の大転換となった改革のこと。基本的な方針として①対等な関係の確立，②地域での総合的な支援，③多様な主体の参入促進，④サービスの質と効率性の向上，⑤透明性の確保，⑥公平かつ公正な負担，⑦福祉の文化の創造の7つが示された。　　　　6

☐　**措置制度**　福祉サービスを受ける要件を満たしているかを判断し，また，そのサービスの開始・廃止を法令に基づいた行政権限としての措置により提供する制度。　　　　4

☐　**契約制度**　利用者が福祉サービスの提供者（事業者）との契約に基づいてサービスを利用する制度。　　　　5, 7

☐　**福祉三法**　戦後の社会状況のなかで制定された，生活保護法，児童福祉法，身体障害者福祉法をいう。　　　　3

☐　**社会福祉法**　社会福祉事業法を改正，名称変更して2000（平成12）年5月に施行された法律である。「福祉サービスの利用者の利益の保護及び地域における社会福祉（中略）の推進を図るとともに，社会福祉事業の公明かつ適正な実施の確保及び社会福祉を目的とする事業の健全な発達を図り，もつて社会福祉の増進に資することを目的とする」（第1条）。　　　　11

☐　**福祉六法**　福祉に関する基本的な法律の総称で，生活保護法，児童福祉法，母子及び父子並びに寡婦福祉法，身体障害者福祉法，知的障害者福祉法，老人福祉法をいう。　　　　5

☐　**社会福祉法人制度改革**　2016（平成28）年の社会福祉法改正により，福祉サービスの供給体制の整備及び充実を図るために行われた，社会福祉法人制度について経営組織のガバナンスの強化，事業運営の透明性の向上等の社会福祉

法人制度の改革をいう。	13

一問一答　　　　　　　　⇒○か×か，答えてみよう。解答は211頁を参照。

Q1　社会福祉基礎構造改革により，障害種別ごとに分かれていた制度が一元化された。　　　　　　　　　　　　　　　　　　　　　　　　　（　　　）

Q2　利用契約方式をとる制度のもとでも，やむを得ない事由がある場合には，措置制度が適用される。　　　　　　　　　　　　　　　　　（　　　）

Q3　社会福祉法人は事業運営の透明性を高めるために，財務諸表をホームページ等で公表することとされている。　　　　　　　　　　　　（　　　）

第2章

法人の基本形態と社会福祉

　社会福祉基礎構造改革が行われて以降，人々の幅広い福祉ニーズに応えていくために，社会福祉法人をはじめ，営利法人や特定非営利活動法人（NPO 法人）など多様な事業主体が社会福祉分野へ参入している。本章では，今日におけるわが国の社会福祉サービスの提供主体を担っているさまざまな法人の基本形態やその設立方式に着目し，法人とは何かについて学びを深めていく。

1　法人とは

　そもそも**法人**とは何を意味するのだろうか。人は法的な権利や義務をもっているからこそ，誰かが開発した商品やサービスを購入できたり，反対に誰かにそれらを提供することもできる。では，「人」対「人」ではなく，「人」対「組織」または「組織」対「組織」という関係のなかで取引は可能だろうか。現実社会では「組織」も「人」と同じように取引することが可能である。「組織」も「人」と同様に，法律のもとに権利能力が与えられることによって，権利義務の主体となることができる。このように，法律上において「人」のように権利主体となることを認められたものを「法人」という。

　次に，法人に対する理解を深めるために，その特徴をみていく。法人は行政による関与の度合いに応じ，その種類が分かれている。細かい基本形態については後述するが，大きく分類すると，公法人，非営利法人（私法人），営利法人（私法人）の3種類に分けることができる。公法人は，文字のごとく「公」の事務を遂行する法人である。これに代表される法人としては地方公共団体が挙げ

られるが，ほかにも独立行政法人などがこれに該当する。私法人である非営利法人や営利法人については申請書や定款等を行政機関に提出し，各法律に基づいた審査等が行われ，法人としての権利能力が認められる形となる。行政機関による関与の度合いについては，あくまでその法人が担う業務の性質に応じ，変わってくる。

　法人格を取得することにより得られるメリットについても確認しておく。その一つには社会的信用度の向上が挙げられる。たとえば，取引先を法人に限定している企業も実際に存在しており，法人化することによって取引先の確保や拡大といった利点が生まれる。また，法人化することによって金融機関からの融資が受けやすくなったり，人材確保の観点からも，採用において人が集まりやすい。また行政機関や民間機関からの事業に対する助成金や補助金交付も法人格を有していることが条件になっているケースがあり，これらのことは，社会的信用の一つの現れとみることができる。

　さて，こうしたメリットが存在する一方で，法人には，**ガバナンスやコンプライアンス**が求められる。ガバナンスとは「法人がその目的に沿って適切に経営されるようにすること，または，その仕組み[1]」を指す。そして，コンプライアンスとは「法人が，法令・規則を守るという「法令遵守」に加え，法の精神や社会規範，あるいは常識・良識に従う[2]」という意味である。

　ガバナンスについては，法人格を取得した集団組織が一人格をなし，目的達成のための意思決定を行うためには，集団の構成員個々の意思を統治する仕組みが必要になってくる。こうした意思決定の仕組みが確保されなかったり，脆弱であれば，法人による事業継続やその発展は危ぶまれる事態となる。

　また，コンプライアンスについては，平易な言い方をすると組織がルールを守るという考え方に他ならない。たとえばある営利法人が事業によって一定の利潤を生み出すことを目標に掲げたとする。その際，敷かれた法令への違反までも犯しながら，その目標を達成するという姿勢では，社会の発展に寄与しようとする法人制度そのものの存在意義に反してしまう。したがって，いかなる法人においても事業継続，発展にはガバナンスとコンプライアンスが必須なのである。

2　法人の基本形態

　法人の基本形態は図2-1に示す通りである。以下でそれぞれの概要について説明する。

（1）財団法人

　「**財団法人**」とは，資産家や資産を持ち寄った集団が，自らの「財産」を集め，特定の目的をもつ権利の主体となり，何らかの事業や活動を行うことを念頭に設立する法人をいう。なお，ここで取り上げる財団法人とは「一般」財団法人を指している。「一般」財団法人と別に区分けされている「公益」財団法人に関する説明は後述するが，2006（平成18）年の「一般社団法人及び一般財団法人に関する法律」「公益社団法人及び公益財団法人の認定等に関する法律」「一般社団法人及び一般社団法人に関する法律及び公益社団法人及び公益財団法人の認定等に関する法律の施行に伴う関係法律の整備等に関する法律」のい

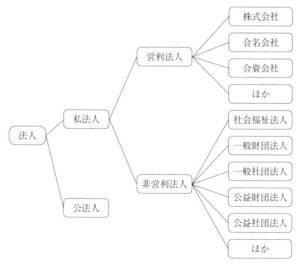

図2-1　法人の基本形態

出所：筆者作成。

①　定款を作成し，公証人の認証を受ける。

⬇

②　設立者が財産（価額300万円以上）の拠出の履行を行う。

⬇

③　定款の定めに従い，設立時評議員，設立時理事，設立時監事の選任を行う。

⬇

④　設立時理事および設立時監事が，設立手続きの調査を行う。

⬇

⑤　法人を代表すべき者が，法定の期限内に，主たる事務所の所在地を管轄する法務局または地方法務局に設立の登記の申請を行う。

図2-2　一般財団法人のおおまかな手続きの流れ

出所：法務省「一般社団法人及び一般財団法人制度Ｑ＆Ａ」（http://www.moj.go.jp/MINJI/minji153.html　2021年4月16日閲覧）のA10をもとに筆者作成。

わゆる**公益法人制度改革関連3法**の成立（2008（平成20）年に施行）によって，財団法人が一般法人と公益法人に区別されることになった。こうした公益法人制度改革が実施される前までの財団法人は，民間の寄付をもとに，非営利かつ公益的な活動を行う法人として，主務官庁による許可が必須となっていたが，現在は制度の施行によって一定の手続きと登記を行うことにより，一般財団法人として設立が認められるようになった。

　一般財団法人を設立する手続きを簡単に記しておくと，おおまかに図2-2のような流れとなる。

　一般財団法人は，理事で構成される**理事会**および監事，評議員で構成される**評議員会**を設置しなければならず，定款の定めるところによって，会計監査人を置くこともできる。理事会や評議員会の役割に触れておくと，理事会は主として法人業務の執行の決定や理事による職務執行の監督といった役割がある。一方で，評議員会とは定款等で定めた事項を決議することが可能であり，法人役員や会計監査人を選び，役員が職務上の義務に違反するなどした場合には，必要な手続きに則り，役員を解任することもできる。その他，定款変更や事業の譲渡などの重要な事項を審議，決定する機関となっている。

①　定款を作成し，公証人の認証を受ける。

⇩

②　設立時，理事の選任を行う。

⇩

③　設立時，理事が設立手続の調査を行う。

⇩

④　法人を代表すべき者（設立時理事または設立時代表理事）が，法定の期限内に，主たる事務所の所在地を管轄する法務局又は地方法務局に設立の登記の申請を行う。

図2-3　一般社団法人の大まかな手続きの流れ

出所：法務省「一般社団法人及び一般財団法人制度Q＆A」（http://www.moj.go.jp/MINJI/minji153.html 2021年4月16日閲覧）のA2をもとに筆者作成。

（2）社団法人

「社団法人」とは，同じ目的や理念をもった「人々の集まり」が，権利の主体となって事業や活動を行うことを念頭に設立する法人とされる[4]。財団法人と同様に，社団法人についても公益法人制度改革により，「一般」社団法人と「公益」社団法人に分けられ，前者は「一般社団法人及び一般財団法人に関する法律」に基づいて設立される社団法人であり，一定の手続と登記により法人設立が認められる。

　一般財団法人と同様に，一般社団法人設立のおおまかな手続きの流れを図2-3に示しておく。

　一般社団法人の設置機関については，理事と社員総会の設置が必要となる。また定款の定めによって，理事会や監事，さらには会計監査人を設置することができる。一般財団法人との違いは，社員総会を設置する必要があるか否かである。なお，社員総会の役割については，一般社団法人の運営管理をはじめ一社団法人に関するあらゆる事項の決議を行うことが可能となっている。

（3）営利法人

　前述の通り，法人は大きく3つに分類でき，それは公法人，非営利法人（私法人），営利法人（私法人）に分けられる。また整理の仕方は，さらに大きく「**営利法人**」と「**非営利法人**」という形で大別されることもある。ここでは

「営利法人」について説明する。「営利法人」とは平易な言い方をすると営利を
目的とする法人である。すなわち，何らかの事業によって生み出された利益を
特定の人たちで分配し合うことを目的に設立された法人である。営利法人とは
一般には「会社」を指しており，その形態には「株式会社」「合名会社」「合資
会社」「合同会社」が挙げられる。ここでは，営利法人のなかでも株式会社と
合名会社を取り上げ，その特徴を紹介しておきたい。「株式会社」とは文字が
示すように株式を発行することで，投資家から広く資金調達することが可能と
なり，その集めた資金で経営者が事業運営を行う会社形態である。責任形態が
有限責任とされ，仮に会社が倒産し，負債を抱え込んだとしても，その責任は
個人が出資する額の範囲内に限定されるという特徴がある。一方で，責任形態
が有限ではなく，無限責任社員で構成されている会社形態が「合名会社」であ
る。株式会社と比べた場合，設立費用が安価である，意思決定が早い，決算公
告の義務がないといった利点が挙げられる反面，資金調達の方法が限定される
といった特徴もある。

（4）非営利法人

　株式会社をはじめとした「営利法人」に対し，何らかの事業によって生み出
された利益を特定の人たちで分配し合うことをしない法人を一括りにして「非
営利法人」と呼ぶ。この非営利法人には，前述した一般財団法人や一般社団法
人の他，**社会福祉法人**や **NPO 法人**を代表として挙げることができる。

　社会福祉法人や NPO 法人については詳しくは第 3 章で説明するため，ここ
では簡単に紹介しておく。全国社会福祉法人経営者協議会のホームページでは，[5]
社会福祉法人は，社会福祉事業を行うことを目的として社会福祉法に基づいて
設立されている法人で，公益性が高く非営利法人であり，社会福祉事業の主た
る担い手としてふさわしい事業を確実，効果的かつ公正に行っていくものと紹
介されている。また，地域福祉の担い手として，福祉サービスの利用者だけで
なく，地域に暮らす人々の「生きる」を支えるため，社会福祉事業にとどまら
ない，地域のニーズに応える取り組みを実践し，そこから新たな福祉サービス
をつくり出すという役割にも触れられている。社会福祉法人は社会福祉基礎構

造改革が行われる以前から，わが国の非営利活動を中核的に支えてきた法人である。

　NPO法人は，1998（平成10）年に成立した特定非営利活動促進法を根拠法にもつ。この法制定の背景には，1995（平成7）年の阪神・淡路大震災によってあらためてボランティア活動の重要性が認識され，市民の自由意思に基づく社会貢献活動を促進し，もって公益の増進に寄与しようとしたことが関係している。特定非営利活動法が制定される以前の非営利活動の実態をみると，その主たる役割を担う法人には社会福祉法人や公益法人制度改革が実施される前の財団法人や社団法人等が挙げられるが，いずれも主務官庁の認可，もしくは許可が求められていた。さらに，非営利活動はこの主務官庁の厳しい監督のもとで展開していくことが要求されていた。こうした状況を鑑みると，NPO法人にあっては，比較的簡素な手続きによって法人格を取得することが可能であり，なおかつ情報開示を介し市民から監視されることを条件に，可能な限り主務官庁の関与を少なくしながら非営利活動ができるという点が特徴に挙げられる。実際に法人格を取得している団体も多く（2021（令和3）年10月末までに認証を受けた法人は5万884法人）[6]非営利活動の促進という面で，この制度創設は画期的であったと評価することができる。なお，NPO法人に関する詳細な情報は内閣府NPOホームページ[7]で紹介されているため参照されたい。

（5）公益財団法人と公益社団法人

　公益目的事業を行うことを主な目的とする一般財団法人や一般社団法人にあっては，申請先に手続きを行い，かつ一定の条件を満たし，公益法人としての認定を受けることにより，**公益財団法人**や**公益社団法人**としての活動を行うことが可能となる。なお，認定の申請先となるのが内閣総理大臣または都道府県知事である。内閣総理大臣に対し申請を行う場合は，今から申請しようとする一般財団法人や一般社団法人が置く事務所が複数の都道府県にあること，また定款で複数の都道府県で公益活動を行うことを定めていること，さらには政令で定められている国の事務や事業と密接に関連する公益目的事業を行うときであり，それ以外のケースは都道府県知事が申請先となる。

　一般法人が公益法人として認定を得られるかどうかについては，明確かつ統一的な基準，すなわち「公益認定基準」が定められている。その主な基準を紹介しておくと，公益目的事業を行うことを主な目的としているかといった「公益性」を確認する基準，すなわち公益目的事業に係る収入がその実施に要する適正費用を超えないか，また同一親族等が法人役員の3分の1以下の構成になっているかなど，公益事業を展開するための「ガバナンス」を確認する基準などが設定されている。加えて，認定取り消し後5年を経過しない法人や滞納処分終了後3年を経過しない法人，さらには暴力団員等が支配している法人等にあっては欠格事由に該当することになり，認定を受けることができない仕組みとなっている。こうした厳格な認定基準をクリアし，公益認定等委員会や都道府県の合議制機関の意見に基づき内閣総理大臣や都道府県知事が公益法人として認定した場合に，「公益財団法人」や「公益社団法人」としての活動が可能となり，税制上の優遇措置を受けることもできる。

3　さまざまな法人設立の方式

（1）認可主義

　認可主義とは，法人格を申請する団体が，法律の定める要件を満たせば，主務官庁は認可をしなければならず，それをもって団体は法人格の取得が可能になるという主義である。認可主義は，法人格の認定が主務官庁の自由裁量に委ねられていた許可主義とは異なり，法律上の要件を満たせば主務官庁は認可しなければならないとする点で大きな違いがある。この認可主義が採用されている法人には社会福祉法人や医療法人，学校法人等を列挙することができる。

　ここでは，社会福祉法人を例にその設立について簡単に触れておきたい。社会福祉法人の認可を行う所轄庁については，原則，都道府県知事とされる。ただし，社会福祉法人として申請する団体の主たる事務所並びに事業活動の範囲が市の区域内にある場合は市長，あるいは事業活動の範囲が2つ以上の地方厚生局の管轄区域にかかり，厚生労働省令で定める場合は厚生労働大臣が担うことになる。社会福祉法人を設立する者にあってはまず定款を定め，この所轄庁

に法人格取得の申請を行い，定款の内容や資産要件等を満たしているのかといった審査のうえで認可を受け，その後，登記をすることによって成立する形となる。

（2）認証主義

　認証主義とは，法律に定められた書類を所轄庁に提出し，その認証を受けることによって法人格の取得が可能となるというものである。認可主義が採用されている社会福祉法人と比べると，比較的容易に法人格を取得できることが特徴である。また，この認証主義を採用している具体的法人として，NPO 法人や宗教法人等を挙げることができる。

　ここでは NPO 法人を例に設立について簡単に確認しておきたい。まず，NPO 法人の所轄庁については，原則，都道府県知事である。ただし，その事務所が1つの指定都市の区域内にある場合には，市長が担うことになる。認証については，以下の8つの基準が設けられており，これに適合することが必要となる。①特定非営利活動を行うことを主たる目的とすること，②営利を目的としないものであること，③社員の資格の得喪に関して，不当な条件を付さないこと，④役員のうち報酬を受ける者の数が，役員総数の3分の1以下であること，⑤宗教活動や政治活動を主たる目的とするものでないこと，⑥特定の公職者（候補者を含む）または政党を推薦，支持，反対することを目的とするものでないこと，⑦暴力団または暴力団，もしくはその構成員，もしくはその構成員でなくなった日から5年を経過しない者の統制のもとにある団体でないこと，⑧10人以上の社員を有するものであること。

　認証の決定および通知方法については，法人格の認定が認証主義であることを踏まえ，所轄庁は申請書の記載等に不備がなく正式な手続きに則り行われていることを確認した場合は，申請書類を受理した日から3か月以内に認証の決定を行い，書面により申請した者に通知する形となる。なお，法人設立は認証決定後に登記することで成立する。

（3）準則主義

　準則主義とは，法律に定める一定の法人設立要件を満たせば，許可や認可を待たずとも，当然にして法人になり得るという考え方が働く主義をいう。準則主義が採用される法人については，一般財団法人や一般社団法人，株式会社等を例として挙げることができる。

　準則主義のメリットは法人の設立手続きが非常に簡素であるということである。法人の認定にあっては法人の事業活動に公益性の担保するような制限はなく，法人認定では所轄庁の裁量も働かない。公証人役場などで定款の認証を受け，登記を行えば法人の設立が可能となる。

（4）自由設立主義

　法人設立において法的な要件は必要とならず，自由に法人の成立を認める主義であるが，わが国は採用していない。

4　社会福祉事業の概要

　前節までは，法人とは何かを中心に，さまざまな法人形態や設立のありようについて紹介した。福祉サービス提供主体という観点からは，ここまで取り上げたすべての法人が福祉サービスを担うことができるかどうかといえば，厳密にはその福祉サービスがどのような性格を有するのかによって異なる。すなわち，福祉サービスの性格によってある法人が担うことを許される場合とそうでない場合に法律で分けられているということである。本節では一般的に広く使用される「福祉サービス」という広い概念からもっと絞り込み，社会福祉法に規定される「**社会福祉事業**」に限定し，それを担うことが可能となる法人に触れながら，社会福祉事業の概要について説明していく。

　厚生労働省のホームページ[(9)]には，「社会福祉を目的とする事業」と「社会福祉事業」の2つが整理されている。まず前者の「社会福祉を目的とする事業」をみると，地域社会の一員として自立した日常生活を営むことを支援する事業となっており，この事業に経営主体等の規制はなく行政の関与は最小限となっ

ている事業との説明が確認できる。後者の「社会福祉事業」については「社会福祉を目的とする事業」のなかに位置づけられており，そのうえで規制と助成を通じて公明かつ適正な実施の確保が図られなければならない事業と説明されている。この「社会福祉事業」の内容は，社会福祉法第2条に詳しく規定されている。**第一種社会福祉事業**と**第二種社会福祉事業**に分類されており，それを構成する具体的事業が列挙されている。第一種社会福祉事業とは，公共性が高くサービス利用者の人格の尊重という点から重大な影響を及ぼす可能性があり，強い公的規制と監督が必要とされる事業である。第二種社会福祉事業については第一種社会福祉事業に比べると事業実施による利用者への影響度が少ないために公的規制や監督をさほど必要としない事業となっている。

　次にそれぞれの経営主体について確認しておくと，第一種社会福祉事業を実施できる法人は，公法人または私法人にあっては社会福祉法人に限定されている。それに対し，第二種社会福祉事業の経営主体の制限はない。すなわちこの事業を実施する場合，法人格を有する組織は届出を行うことによって事業活動が可能になるということになる。なお，第一種社会福祉事業と第二種社会福祉事業に分類される主な具体的事業については表2-1の通りである。

表2-1　第一種社会福祉事業と第二種社会福祉事業

第一種社会福祉事業	第二種社会福祉事業
○生活保護法に規定する救護施設，更生施設その他生計困難者を無料又は低額な料金で入所させて生活の扶助を行うことを目的とする施設を経営する事業及び生計困難者に対して助葬を行う事業	○生計困難者に対して，その住居で衣食その他日常の生活必需品若しくはこれに要する金銭を与え，又は生活に関する相談に応ずる事業
○児童福祉法に規定する乳児院，母子生活支援施設，児童養護施設，障害児入所施設，児童心理治療施設又は児童自立支援施設を経営する事業	○生活困窮者自立支援法に規定する認定生活困窮者就労訓練事業
	○児童福祉法に規定する障害児通所支援事業，障害児相談支援事業，児童自立生活援助事業，放課後児童健全育成事業，子育て短期支援事業，乳児家庭全戸訪問事業，養育支援訪問事業，地域子育て支援拠点事業，一時預かり事業，小規模住居型児童養育事業，小規模保育事業，病児保育事業又は子育て援助活動支援事業，同法に規定する助産施設，保育所，児童厚生施設又は児童家庭支援センターを経営する事業及び児童の福祉の増進について相談に応ずる事業
○老人福祉法に規定する養護老人ホーム，特別養護老人ホーム又は軽費老人ホームを経営する事業	
○障害者総合支援法に規定する障害者支援施設を経営する事業	○就学前の子供に関する教育，保育等総合的な提供の推進に関する法律に規定する幼保連携型認定こども園を経営する事業
○売春防止法に規定する婦人保護施設を経営する事業	○民間あっせん機関による養子縁組のあっせんに係る児童の保護等に関する法律に規定する養子縁組あっせん事業
○授産施設を経営する事業及び生計困難者に対して無利子又は低利で資金を融通する事業	○母子及び父子並びに寡婦福祉法に規定する母子家庭日常生活支援事業，父子家庭日常生活支援事業又は寡婦日常生活支援事業及び同法に規定する母子・父子福祉施設
	○老人福祉法に規定する老人居宅介護等事業，老人デイサービス事業，老人短期入所事業，小規模多機能型居宅介護事業，認知症対応型老人共同生活援助事業又は複合型サービス福祉事業及び同法に規定する老人デイサービスセンター，老人短期入所施設，老人福祉センター又は老人介護支援センターを経営する事業
	○障害者総合支援法に規定する障害福祉サービス事業，一般相談支援事業，特定相談支援事業又は移動支援事業及び同法に規定する地域活動

支援センター又は福祉ホームを経営する事業
○身体障害者福祉法に規定する身体障害者生活訓練等事業，手話通訳事業又は介助犬訓練事業若しくは聴導犬訓練事業，同法に規定する身体障害者福祉センター，補装具製作施設，盲導犬訓練施設，視聴覚障害者情報提供施設を経営する事業及び身体障害者の更生相談に応ずる事業
○知的障害者福祉法に規定する知的障害者の更生相談に応ずる事業
○生計困難者のために，無料又は低額な料金で，簡易住宅を貸し付け，又は宿泊所その他の施設を利用させる事業
○生計困難者のために，無料又は低額な料金で診療を行う事業
○生計困難者に対して，無料又は低額な費用で介護保険法に規定する介護老人保健施設又は介護医療院を利用させる事業
○隣保事業（隣保館等の施設を設け，無料又は低額な料金でこれを利用させることその他その近隣地域における住民の生活の改善及び向上を図るための各種の事業を行うものをいう。）
○福祉サービス利用援助事業（精神上の理由により日常生活を営むのに支障がある者に対して，無料又は低額な料金で，福祉サービス（社会福祉事業において提供されるものに限る。）の利用に関し相談に応じ，及び助言を行い，並びに福祉サービスの提供を受けるために必要な手続又は福祉サービスの利用に要する費用の支払に関する便宜を供与することその他の福祉サービスの適切な利用のための一連の援助を一体的に行う事業をいう。）
○社会福祉事業に関する連絡又は助成を行う事業

出所：社会福祉法をもとに筆者作成。

注

(1)　藤井賢一郎（2018）「法人とは」社会福祉士養成講座編集委員会編『福祉サービスの組織と経営（第5版）』中央法規出版，31頁。

(2)　(1)と同じ。

(3)　新井利民（2021）「福祉サービスを提供する組織」一般社団法人日本ソーシャルワーク教育学校連盟編『福祉サービスの組織と経営』中央法規出版，4頁。

(4)　(3)と同じ。

(5)　全国社会福祉法人経営者協議会「社会福祉法人ってなに？」（https://www.keieikyo.com/about/whats.html　2021年4月16日閲覧）。

(6)　内閣府 NPO ホームページ「所轄庁別認証・認定数」（https://www.npo-homepage.go.jp/about/toukei-info/kenbetsu-ninshou　2021年4月16日閲覧）。

(7)　内閣府 NPO ホームページ（https://www.npo-homepage.go.jp/　2021年4月16日閲覧）。

(8)　内閣府 NPO ホームページ「認証制度について」（https://www.npo-homepage.go.jp/about/npo-kisochishiki/ninshouseido　2021年4月16日閲覧）。

(9)　厚生労働省「社会福祉事業と社会福祉を目的とする事業」（https://www.mhlw.go.jp/bunya/seikatsuhogo/shakai-fukushi-jigyou1.html　2021年4月19日閲覧）。

キーワード一覧表

□	**法人**　法律上に権利能力が与えられ，権利義務の主体となり得る組織体。　**21**
□	**営利法人**　何らかの事業によって生み出された利益を特定の人たちで分配し合うことを目的に設立された法人。　**25**
□	**非営利法人**　事業によって生み出された利益を特定の人たちで分配し合うことをしない法人。　**26**
□	**財団法人**　「一般社団法人及び一般財団法人に関する法律」に基づいて設立される財団法人。　**23**
□	**社団法人**　「一般社団法人及び一般財団法人に関する法律」に基づいて設立される社団法人。　**25**
□	**公益財団法人**　「公益社団法人及び公益財団法人の認定等に関する法律」に基づいて設立される財団法人。　**27**
□	**公益社団法人**　「公益社団法人及び公益財団法人の認定等に関する法律」に基づいて設立される社団法人。　**27**
□	**ガバナンス**　「統治」や「支配」という意味をもつ。組織が健全な経営を行うための組織内の管理体制を指す。　**22**
□	**コンプライアンス**　法令遵守に加え，社会規範など良識に基づく企業活動を意

味する。 22

- □ **認可主義** 法人格を申請する団体が，法律の定める要件を満たせば，主務官庁は認可をしなければならず，それをもって団体は法人格の取得が可能になるという主義。 28

- □ **認証主義** 法律に定められた書類を所轄庁に提出し，その認証を受けることによって法人格の取得が可能となる。 29

- □ **準則主義** 法律に定める一定の法人設立要件を満たせば，許可や認可を待たずとも，当然にして法人になり得るという考え方が働く主義。 30

- □ **第一種社会福祉事業** 社会福祉法に列挙されている事業であり，公共性が高くサービス利用者の人格の尊重という点から重大な影響を及ぼす可能性があり，強い公的規制と監督が必要とされる事業。 31

- □ **第二種社会福祉事業** 社会福祉法に列挙されている事業であり，第一種社会福祉事業に比べると事業実施による利用者への影響度が少なく，公的規制や監督をさほど必要としない事業。 31

一問一答 ⇒○か×か，答えてみよう。解答は211頁を参照。

Q1 特定非営利活動法人（NPO法人）は所轄庁の認可を受けた後，登記を行うことで設立となる。 （　　）

Q2 公益社団法人とは，一般社団法人が公益法人認定法に基づき公益の認定を受けた法人を指す。 （　　）

Q3 社会福祉法に定める第一種社会福祉事業の経営主体に制限はない。 （　　）

第 3 章

福祉サービスを提供する組織や団体

　社会福祉組織の運営とサービスについて理解するために，社会福祉法人の概要について理解する必要がある。本章では社会福祉法人の成り立ちを学び，社会福祉にとっても欠かせない役割となっている特定非営利活動法人（NPO 法人）や医療法人について理解する。

1　社会福祉法人

（1）社会福祉法人の概要

　社会福祉法人は非営利法人である。社会福祉法第22条で社会福祉法人を「社会福祉事業を行うことを目的として，この法律の定めるところにより設立された法人」と定めている。

　社会福祉法人は1951（昭和26）年社会福祉事業法（現，社会福祉法）制定時に高い公共性をもつ社会福祉事業を目的とする法人として定められた。それまでは，福祉サービスは措置制度のもとで国および地方公共団体によって独占的に提供されてきた。その後2000（平成12）年の介護保険法の施行をきっかけに，社会福祉法人以外の民間法人が福祉サービスの分野においても参入できる環境が整えられていった。こうして，福祉サービスにおける民間参入が進んだ。

　社会福祉法人数は2019（令和元）年現在 2 万972法人である。[1]

（2）社会福祉法人の基本理念

　2000（平成12）年 6 月に社会福祉事業法が社会福祉法へと名称変更された。

　また，このほかの社会福祉法の改正に伴い第3条の福祉サービスの基本的理念が「福祉サービスは，個人の尊厳の保持を旨とし，その内容は，福祉サービスの利用者が心身ともに健やかに育成され，又はその有する能力に応じ自立した日常生活を営むことができるように支援するものとして，良質かつ適切なものでなければならない」と改められた。また第6条では，福祉サービスの提供体制の確保等に関して，「国及び地方公共団体は，社会福祉を目的とする事業を経営する者と協力して，（中略）福祉サービスを提供する体制の確保に関する施策，福祉サービスの適切な利用の推進に関する施策その他の必要な各般の措置を講じなければならない」と国および地方公共団体に対しての責務を明確に定めている。社会福祉法人には「公共性」「非営利性」「公益性」「純粋性」が求められている。

　① 公共性

　社会福祉法人は特別公益法人の一つであるため**公共性**が求められる。社会福祉法人としての高い公共性を担保するために社会福祉法人における残余財産は社会福祉法人その他社会福祉事業を行う者に帰属しなければならない。つまり配当（利益処分）が認められていないのである。よって，「過去の利益の貯蓄額」は，赤字経営をしない限り増加する特性がある。

　② 公益性

　特別公益法人においての**公益性**とは積極的に不特定かつ多数の利益のために活動していることを意味してきた。社会福祉法人の行う事業は，福祉サービスを必要とする者を対象としているため，不特定多数のものの利益のために活動することが求められている。2014（平成26）年度から，計算書類などをインターネットで開示することが義務づけられている。

　③ 非営利性

　社会福祉法人は，措置委託制度の受け皿となることにより，戦後日本の社会福祉の発展を支えてきた。公益法人である社会福祉法人には**非営利性**が求められている。こうした性格を踏まえて非営利な活動を行うために厳格な制度が設けられている。

④　純粋性

　純粋性とは，社会福祉法が定める社会福祉事業を行うことを主たる目的とするということである。社会福祉法人には，社会福祉事業以外にも公益事業や収益事業を行うことが認められているが，これらについても制限が設けられている。

（3）社会福祉法人の認可，事業

　社会福祉法人は，その設立，解散，合併などについて所轄庁の認可が必要である。社会福祉法人は，担っている公益性の高さに資する安定的で適正な運営ができるように，設立においては役員や資産について一定の要件が課されている。第 5 章第 2 節で述べるように，2016（平成28）年の社会福祉法の改正（社会福祉法人制度改革）が行われ，社会福祉法人の高い公益性・非営利性を担保し，社会福祉法人が自律的に適正な運営を確保するための統治機構（ガバナンス）の強化が図られた。この改革では，時代状況に合わせた改革が目指された。すなわち，社会福祉法人のガバナンス強化として，各機関が相互に牽制，監視し，①経営者の独走・暴走をチェックする，②法人組織による違法行為をチェック，阻止する，③法人理念の実現に向けて組織活動を方向づける，④公益的な取り組みを実施し，公益性を高めることが求められたのである。

　認可は，都道府県知事または指定都市または中核市長が行う。また，事業が 2 つ以上の都道府県にわたり，かつ全国組織として設立される法人などは，厚生労働大臣もしくは地方厚生局長（事業が 2 つ以上の都道府県にわたる者のうち，厚生労働大臣が所轄するもの以外）が認可する。

　ただし，①主たる事務所が市の区域内にある社会福祉法人であってその行う事業が当該市の区域を超えないものは市長（特別区の場合区長），②主たる事務所が指定都市の区域内にある社会福祉法人であってその行う事業が 1 の都道府県の区域内において 2 以上の市町村の区域にわたるものおよび地区社会福祉協議会である社会福祉法人は指定都市の長，③その行う事業が 2 以上の地方厚生局の管轄区域にわたり，厚生労働省令で定めるものは厚生労働大臣とされている（社会福祉法第30条）。社会福祉法人は認可を受けたときは，その定款をその

表3-1　公益事業と収益事業について

	公益事業	収益事業
目　的	公益を目的とする事業であって，社会福祉事業以外の事業であること	その収益を社会福祉事業または一定の公益事業の経営に充てること
収益の扱い	社会福祉事業または公益事業の経営に充てなければならない	社会福祉事業または一定の公益事業の経営に充てる

出所：社会福祉士国家試験受験対策研究会編（2020）『わかる！　受かる！　社会福祉士国家試験合格テキスト2021』中央法規出版を参考に筆者作成。

主たる事務所に据え置かなければならない（同法第34条の２）。

　社会福祉法人の設立にあたっては，定款により目的，名称，事業の種類などの規定事項を定め，当該定款について所轄庁の認可を受けなければならない（同法第31条第１項）。認可を受け，その主たる事務所の所在地において設立の登記をすることで成立する（同法第34条）。

　社会福祉法人は，その経営する社会福祉事業に支障がない限り，公益を目的とする事業（**公益事業**）と，その収益を社会福祉事業や公益事業の経営に充てることを目的とする事業（**収益事業**）を行うことができる（表3-1）。

（4）社会福祉法人の組織

　社会福祉法人の組織運営は，役員である理事と監事で構成されている。社会福祉法人の組織には，理事，理事会，監事，評議員，評議員会を置くことが義務づけられている。

　①　理事

　理事は理事会を構成して社会福祉法人の決定および業務執行を行う役割を担っている。社会福祉法第44条第３項に理事の定数は６名以上が必要であることが定められている。このなかで，責任体制を明確にするため，理事のなかから理事長を選出することとされている。同法第44条第６項には理事の役員に，社会福祉法人の公益性を損なうことがないように，各理事と親族など特殊な関係にある者が理事総数の２分の１を超えてはならず，法人に係る施設整備または運営に密接に関連する業務を行う者が理事総数の３分の１を超えてはならないとされている。

　同法第45条に任期は選任後２年以内に終了する会計年度のうち最終のものに関する定時評議員会の終結のときまでとされているが，再任が認められている。理事の選任・解任は評議員の決議によるとされている。理事のうちには以下のものが含まれていなければならない（同法第44条第４項）。これは，理事会は業務執行機関であるということが理由とされている。

---

① 　社会福祉事業の経営に関する識見をもつ者
② 　当該社会福祉法人が行う事業の区域における福祉に関する実情に通じている者
③ 　当該社会福祉法人が施設を設置している場合にあっては，当該施設の管理者

---

　② 　理事会

　理事会は業務執行の決定機関として位置づけられている。理事会は，業務執行機関として，社会福祉法人のすべての業務執行に関わる決定のほか，理事長を含む理事の職務執行の監督，理事長の選定および解職を行う機関である。これは，理事会に対し，経営者である理事・理事長に対する牽制機能をもたせるためである。理事会の議決事項は以下の通りである。理事会は重要事項を除き，理事の過半数の賛成の達成により，議事を決することができるとされている。また，評議員会の議決事項以外の事項は評議員に諮る必要はない。

---

① 　理事長及び業務執行理事の選定および解職
② 　評議員会の日時，場所，議題・議案の決定
③ 　重要な財産の処分および譲り受け
④ 　重要な役割を担う職員の選任および解任
⑤ 　従たる事務所その他重要な組織の設置，変更および，廃止
⑥ 　コンプライアンスの体制整備
⑦ 　計算書類および事業報告の承認
⑧ 　その他重要な業務執行の決定

---

　③ 　監事

　社会福祉法第45条の18に**監事**は理事の職務の執行を監督し，計算書類の監査を行うことが定められている。また同法第44条第５項には監事に含まれるべき者として，社会福祉事業について識見を有する者，財務管理について識見を有

する者が含まれていなければならず　人数は 2 人以上とされている。監事は評議員，理事または当該社会福祉法人の職員を兼ねることができない。また同法第44条第 7 項には，監事には各役員と，その配偶者または 3 親等以内の親族，その他各役員と特殊の関係がある者が含まれてはならないこととされている。

④　評議員

　評議員は，社会福祉法人の定款に定めるところにより選任する。評議員は法人運営の重要事項を議決する機関のため，社会福祉法人の適切な運営に必要な識見を有する者から選任される。評議員と理事は兼務できない。また評議員の任期は選任後 4 年間の定めがあるが，その後 2 年までの延長が可能である。評議員の定数は，理事の員数を超える数とされている。理事は 6 名以上とされているので，7 名以上の評議員を選任しなければならない。

⑤　評議員会

　これまで**評議員会**は理事会に対する諮問機関とされてきたが，2017（平成29）年 4 月以降はすべての社会福祉法人において評議員会が必置となっている。社会福祉法第45条の 8 には評議員会はすべての評議員で構成されると定められている。同法第40条第 2 項から第 5 項には評議員は理事の員数を超える数をもって組織することが定められており，評議員は役員と当該社会福祉法人の職員を兼務することができないとされている。評議員会には，親族や施設整備・運営に密接に関連する業務を行う者の人数制限がある一方で地域の代表を加えることが求められている。

　評議員会は，運営に関わる重要事項の議決機関とされているが，業務執行に関わるすべての重要案件については議決できず，社会福祉法に規定する事項および定款で定めた事項に限り決議することができる。具体的には，①理事・監事・会計監査人の選任および解任，②理事等の責任の免除，③理事・監事の報酬等の決議，④役員報酬基準の承認，⑤計算書類の承認，⑥定款の変更，⑦解散の決議，⑧合併の承認，⑨社会福祉充実計画の承認などについてである。

2　特定非営利活動法人

（1）特定非営利活動法人の現状

　特定非営利活動促進法（NPO 法）は1998（平成10）年12月に施行され，2001（平成13）年10月には，税制上の優遇措置が付与される認可特定非営利活動法人制度（認定 NPO 法人制度）が創設され，その後数回にわたり制度の一部改正が行われ現在に至っている。NPO 法人の認定数は，2021（令和3）年11月30日現在，所轄庁認定1225件（認定1182件，特例認定43件）である。介護保険制度のなかでは，地域密着型サービス事業所や訪問介護事業所として活動している。

（2）特定非営利活動法人の概要

　特定非営利活動とは，「不特定かつ多数のものの利益の増進に寄与することを目的とするもの」（NPO 法第2条）である。特定非営利活動法人（NPO 法人）は NPO 法に基づいて特定非営利活動を行うことを主たる目的として設立された法人である。非営利組織とは，市民が自発的に社会に有益な活動を行うための組織である。広義には営利を目的とせずに役員や社員などに金銭的利益をもたらすことを目的としないこととされている。

　NPO 法の目的は，「特定非営利活動を行う団体に法人格を付与すること並びに運営組織及び事業活動が適正であって公益の増進に資する特定非営利活動法人の認定に係る制度を設けること等により，ボランティア活動をはじめとする市民が行う自由な社会貢献活動としての特定非営利活動の健全な発展を促進し，もって公益の増進に寄与すること」（同法第1条）とされている。NPO 法の立法の経緯として，1990年代から市民活動が台頭するなか，住民参加・市民互助活動型のボランティア活動が急激に増大し，ボランティア団体は任意団体として活動していた。NPO 法成立の契機に，1995（平成7）年1月の阪神・淡路大震災でのボランティアや市民団体の活動がある。ボランティアや市民団体が行政とは違い，柔軟で即効性のある活動をしたことをきっかけに，市民団体に法人格を容易に与え，活動をしやすくすることを目的に検討，施行された。2001

（平成13）年10月からは，認定 NPO 法人制度が設けられている。これは，市民や企業に NPO 法人への寄付を促していくことを目的として制定され，運営組織および事業活動が適正であり，公益に資することという一定の要件を満たし，国税庁長官の認定を受けた法人を認定 NPO 法人とし，その法人への寄付に対し，寄付金控除を認めるものである。

　1998（平成10）年に制定された NPO 法を抜本的に改正する「改正特定非営利活動促進法」が2011（平成23）年6月に公布され，2012（平成24）年4月に施行された。その改正の主な内容は以下の通りである。

---

① 　活動分野の追加
② 　NPO 法人に関する事務を地方自治体で一元的に実施
　　所轄庁の変更と認定事務も地方自治体で実施。
③ 　制度の使いやすさと信頼性の向上のための見直し
　　申請手続きの簡素化・柔軟化と明確化。会計の明確化。
④ 　認定制度の見直し
　　認定基準の緩和と認定等の効果の拡充。

　2016（平成28）年6月成立の「特定非営利活動促進法の一部を改正する法律」によって変更が加えられたのは以下の通りである。

---

① 　認証申請の添付書類の縦覧期間の短縮等
② 　貸借対照表の公告及びその方法
　　NPO 法人は，貸借対照表を公告しなければならない。
③ 　内閣府ポータルサイトにおける情報の提供の拡大
　　所轄庁及び NPO 法人は，内閣府ポータルサイトにおいて，一定の情報の公表に努めるものとすること。
④ 　事業報告書等の備置期間の延長等
⑤ 　海外への送金又は金銭の持出しに関する書類の事前提出義務に係る規定の見直し海外への送金又は金銭の持出しに関する書類の所轄庁への事前提出は，不要とすること。
⑥ 　役員報酬規定等の備置期間の延長等
⑦ 　仮認定 NPO 法人の名称の変更
　　「仮認定」NPO 法人の名称を「特定認定」NPO 法人に改めること。

　2020（令和２）年12月成立の「特定非営利活動促進法の一部を改正する法律」においては以下の通りである。この法律の制定の背景には，関係団体から，NPO 法人の設立及び運営の手続きをより迅速で簡素なものにして，事務負担を軽減してほしいとの要望意見があったことから改正がなされた。

---

①　縦覧期間の短縮
②　住所等の公表等の対象から除外
　設立認証の申請があった場合に所轄庁が公表・縦覧させる「役員名簿」，請求があった場合に NPO 法人（認定・特例認定）が閲覧させる「役員名簿」「社員名簿」，請求があった場合に所轄庁が閲覧・謄写させる「役員名簿」「社員名簿」等について個人の住所・居住についての記載の部分を除く。
③　NPO 法人（認定・特例認定）の提出書類の削減
　「資産の譲渡等に係る事業の料金，条件その他の内容に関する事項」を記載した書類について所轄庁への提出を不要とする。「役員報酬規定」「職員給与規定」について，すでに提出されているものから内容に変更がない場合には，毎事業年度の提出は不要とする。

　NPO 法人の特徴には社会福祉法人と比較して容易に認証を得られること，情報公開が義務づけられていることが挙げられる。情報公開を義務づけるのは，個人的な利益を追求する事業や詐欺行為を行うものなど，実態のないものが続出するおそれがあるためであり，団体の情報をできるだけ公開することでNPO 法人の目的にそぐわない法人を淘汰することができるのである。

　NPO 法が規定する特定非営利活動とは，以下の20分野の活動であり，不特定かつ多数のものの利益の増進に寄与することを目的とするものをいう（NPO法第２条第１項および別表）。

１．保健，医療または福祉の増進を図る活動
２．社会教育の増進を図る活動
３．まちづくりの推進を図る活動
４．観光の振興を図る活動
５．農村漁業または中山間地域の振興を図る活動
６．学術，文化，芸術またはスポーツの振興を図る活動
７．環境の保全を図る活動

 8．災害救援活動

 9．地域安全活動

 10．人権の擁護または平和の推進を図る活動

 11．国際協力の活動

 12．男女共同参画社会の形成の促進を図る活動

 13．子どもの健全育成を図る活動

 14．情報化社会の発展を図る活動

 15．科学技術の振興を図る活動

 16．経済活動の活性化を図る活動

 17．職業能力の開発または雇用機会の拡充を支援する活動

 18．消費者の保護を図る活動

 19．1〜18に掲げる活動を行う団体の運営または活動に関する連絡，助言または援助の活動

 20．1〜18に掲げる活動に準ずる活動として都道府県または指定都市の条例で定める活動

（3）特定非営利活動法人の認証

 NPO 法により法人化する団体は，所轄庁に設立を申し出なければならない。所轄庁とは，主たる事務所が所在する都道府県知事（その事務が一の指定都市の区域内のみ所在する NPO 法人にあっては，当該指定都市の長）とされている。申請にあたっては，定款や役員に関する書類の申請書を所轄庁に提出して要件を満たすことで設立の認証を受け（NPO 法第10条第1項），その主たる事務所の所在地において設立の登記をすることで，法人として成立する（同法第13条第1項）とされている。

 NPO 法人の認証数は，2021（令和3）年10月末現在全国で5万884法人である。[3]

（4）特定非営利活動法人の組織

 NPO 法第15条によると NPO 法人は役員として理事3人以上および監事1人以上を置かなければならない。同法第20条による欠格事由として成年後見人，暴力団員などは役員になれないなどのほか，親族の数や報酬を受ける者の数などの制限が設けられている。役員については，以下のようになっている。①理

事は全員が法人を代表する。また，業務の執行はその過半数により決定する。理事会の設置は必須ではないが，この過半数の規定により設置している法人が多い。②監事は，理事の業務執行の状況や法人の財産の状況を監査する。

　同法第14条の2によると「通常社員総会」は少なくとも毎年1回開催しなければならないとされている。また，社員総会は役員とともに法律上の必置機関であり，その開催を廃止や評議員会など他の組織をもって充てることはできないとされている。同法第40条第4項によると定款で理事その他の役員に委任したものを除き，NPO法人の業務はすべて社員総会の決議によって行うとされている。特に，定款の変更，法人の解散・合併については委任できず社員総会の専決事項である。いずれも所轄庁の認証が必要である。

　NPO法人の活動に関する情報を公開することによって市民の信頼を得て，市民によって育てられるべきとの考えから，情報公開を重視している。所轄庁は，NPO法人からの事業報告書その他の提出を受け，提出された書類すべてについて市民に対して公開している。

　NPO法人に関しては課税について以下のように特別な措置がとられている。①課税について，法人税・住民税の法人割りについては，法人税法上の収益事業に対して課税され，それ以外の所得は非課税となる。②認定NPO法人制度は，NPO法人への寄付活動を支援するため税制上の優遇措置として設けられた制度である。③NPO法人は，設立・定款の変更，解散・合併については所轄庁の認証を受けなければならない。

3　医療法人

（1）医療法人制度

　保健・医療分野は福祉・介護サービスの基盤として重要な役割を担っており，そのなかでも福祉サービスの提供において，**医療法人**は重要な役割を担っている。医療法第39条では医療法人を，病院，医師もしくは歯科医師が常時勤務する診療所，介護保険施設または介護医療院（以上，本来業務）を開設しようとする社団または財団としている。なお，救急医療等を行い，公共性が高く都道府

県知事の認定を受けた社会医療法人にあっては，特別養護老人ホームの経営その他一部を除き第一種社会福祉事業の多くを実施できる。また，その収益を本来業務の経営に充てることを目的として，厚生労働大臣が定める収益事業を行うことができ，社会医療法人債を発行できる。

（2）医療法人の設立

　医療法人は，都道府県知事の認可を受け，その主たる事務所の所在地において設立の登記をすることによって成立する。設立認可の申請にあたっては，次の必要事項を定めなければならない。

---

① 　名称
② 　目的
③ 　開設しようとする病院，診療所，介護老人保健施設または介護医療院の名称および開設場所
④ 　事務所の所在地
⑤ 　資産および会計に関する規定
⑥ 　役員に関する規定
⑦ 　理事会に関する規定
⑧ 　社団たる医療法人にあっては，社員総会および社員たる資格の得喪に関する規定
⑨ 　財団たる医療法人にあっては，評議員会および評議員に関する規定
⑩ 　解散に関する規定
⑪ 　定款または寄付行為の変更に関する規定
⑫ 　広告の方法

（3）医療法人改革

　2006（平成18）年 6 月21日，「良質な医療を提供する体制の確立を図るための医療法等の一部を改正する法律」が公布され，このなかの医療法人に関する規定は2007（平成19）年 4 月 1 日に施行された。そこで示された医療法人制度の見直しの基本的考え方は以下の通りである。

> - 非営利性の徹底を通じ医療法人に対する国民の信頼を確立する。
> - 「官から民への流れ」を踏まえ，従来公立病院などが担っていた医療を民間の医療法人が積極的に担うよう推進する。
> - 効率的で透明性のある医業経営の実現により地域医療の安定的な提供を図る。

　また，医師の働き方改革，各医療関係職種の専門性の活用，地域の実情に応じた医療提供体制の確保を進めるため，長時間労働の医師に対し，医療機関が講ずべき健康確保措置等の整備や地域医療構想の実現に向けた医療機関の取り組みに対する支援の強化等を図るため2020（令和2）年1月「良質かつ適切な医療を効率的に提供する体制の確保を推進するための医療法等の一部を改正する法律」が提出された。
　主な内容は以下の通りである。

> ①　医師の働き方改革
> 　長時間労働の医師の労働時間短縮及び健康確保のための措置の整備等
> ②　各医療関係職種の専門性の活用（診療放射線技師法，臨床検査技師等に関する法律，臨床工学技士法，救急救命士法）
> ③　地域の実情に応じた医療提供体制の確保
> 　「新興感染症等の感染拡大時における医療提供体制の確保に関する事項の医療計画への位置付け」として，医療計画の記載事項に新興感染症等への対応に関する事項が追加された。「外来医療の機能の明確化・連携」として，医療機関に対し，医療資源を重点的に活用する外来等について報告を求める外来機能報告制度の創設等が行われた。

　また，医療法人総数は2021（令和3）年3月末時点で5万6303法人で，うち社会医療法人は325法人である⁽⁴⁾。

　注
(1)　厚生労働省「福祉行政報告例」（国所管は厚生労働省社会・援護局福祉基盤課調べ）。
(2)　内閣府 NPO ホームページ「特定非営利活動法人の認定数の推移」。2021月11月

末時点。
⑶　内閣府 NPO ホームページ「所轄庁別認証・認定数」。2021年10月末時点。
⑷　厚生労働省「種類別医療法人数の年次推移」。2021年3月末時点。

キーワード一覧表

☐　**社会福祉法人の基本理念**　「福祉サービスは，個人の尊厳の保持を旨とし，その内容は，福祉サービスの利用者が心身ともに健やかに育成され，又はその有する能力に応じ自立した日常生活を営むことができるように支援するものとして，良質かつ適切なものでなければならない」(社会福祉法第3条)。　36

☐　**評議員**　評議員は法人運営の重要事項を議決する機関のため，社会福祉法人の適切な運営に必要な識見を有する者から選任される。定数は7名以上とされている。　41

☐　**評議員会**　運営に関わる重要事項の議決機関とされているが，業務執行に関わるすべての重要案件については議決できず，社会福祉法に規定する事項および定款で定めた事項に限り決議することができる。　41

☐　**理事**　理事は，理事会を構成して社会福祉法人の決定および業務執行を行う役割を担っている。定数は6名以上とされている。　39

☐　**理事会**　業務執行の決定機関として位置づけられている。業務執行機関として，社会福祉法人のすべての業務執行に関わる決定のほか，理事長を含む理事の職務執行の監督，理事長の選定および解職を行う機関である。　40

☐　**監事**　理事の職務の執行を監督し，計算書類の監査を行う。監査の結果，監事報告書を作成し，理事会および評議員会に報告する。　40

☐　**特定非営利活動法人（NPO 法人）**　特定非営利活動とは「不特定かつ多数のものの利益の増進に寄与することを目的とするもの」である。　42

☐　**特定非営利活動法人（NPO 法人）の課税**　特定非営利活動法人（NPO 法人）に関しては課税について特別な措置がとられており，法人税・住民税の法人割については法人税法上の収益事業に対して課税され，それ以外の所得は非課税となる。　46

☐　**医療法人**　医療法では医療法人を，病院，医師もしくは歯科医師が常時勤務する診療所，介護保険施設または介護医療院を開設しようとする社団または財団としている。　46

☐　**医療法人の設立**　医療法人は，都道府県知事の認可を受け，その主たる事務所の所在地において設立の登記をすることによって成立する。　47

☐　**医療法人改革**　2006（平成18）年公布の「良質な医療を提供する体制の確立を図るための医療法等の一部を改正する法律」によって，非営利性の徹底を通じ医療法人に対する国民の信頼を確立すること，「官から民へ」を踏まえ従

来公立病院などが担っていた医療を民間の医療法人が積極的に担うように推進すること，効率的で透明性のある医業経営の実現による地域医療の安定的な提供を図ることが示された。　　　　　　　　　　　　　　　　　　　　47

一問一答　　　　　　　　⇒○か×か，答えてみよう。解答は211頁を参照。

Q1　社会福祉法人は営利を求めることができる団体として，株式会社，特定非営利活動法人（NPO 法人）などの参入が認められている。　　　　（　　）

Q2　社会福祉法人には「公益性」「非営利性」「公共性」「情報提供」が求められている。　　　　　　　　　　　　　　　　　　　　　　　　　　　　（　　）

Q3　特定非営利活動法人（NPO 法人）は，継続的，自発的に社会貢献活動やボランティア活動等を行う営利を目的としていない団体のことである。　（　　）

Q4　特定非営利活動法人（NPO 法人）の設立にあたっては広く一般の住民の活動を求めるため特別な申請は必要がない。　　　　　　　　　　　　（　　）

Q5　医療法人は救急医療を行い，公共性が高く都道府県知事の認定を受けたものは第一種社会福祉事業を実施できる。　　　　　　　　　　　　　　（　　）

第 4 章

福祉サービスを提供する組織の設置基準

第2章で触れられているように，福祉事業を営むことが社会福祉法人に限らず可能になり，昨今では意欲やミッションをもち，福祉分野で起業する若者も増えている。また，障害者施設・高齢者施設・保育所等の社会福祉施設の職員として勤める場合も，施設の新規開設に関わることや，監査や実地指導の際に法律で定める要件を満たしているか精査する等，社会福祉施設等の運営の在り方を理解しておく必要がある。

本章では児童・高齢者・障害者施設等の社会福祉施設を設置する際のさまざまな基準や，社会福祉施設等の運営の仕組みやその財源について学び，適切な運営が客観的にどう担保されているかについても述べていきたい。

1 社会福祉施設(福祉サービス事業所)を開設するということ

(1) 社会福祉施設設置のための法的条件

私たちの身のまわりには，地域の商店街や駅前等，さまざまなところに生活に必要なものを作り，販売し，生活に必要なサービスを提供する会社や店舗が数多くある。こうした衣食住を支えるものは，私たちの生活を維持する事業である。そのような事業所の一つとして社会福祉施設・社会福祉サービスを提供する事業所（以下，社会福祉施設等）が存在する。

社会福祉施設等は，生活上のリスクがあっても，周囲の物理的環境，人的環境の整備や調整等のサポートを行うことによって，本人の本来もっている力を発揮できる場を作り，生き生きとした暮らしを支える場である。具体的には老

人福祉施設，障害者支援施設，保護施設，婦人保護施設，児童福祉施設，その他の施設があり，加えて「障害者の日常生活及び社会生活を総合的に支援するための法律」（障害者総合支援法）や介護保険法に基づき多様な福祉サービスを提供する事業所も存在する。

　社会福祉施設等を開設するためには，提供する福祉サービスの種類によって管轄する行政機関から認可や指定を受ける必要があり，そのための申請をし，認可や指定を受けることができれば，国や地方自治体から運営費用が交付されることになる。認可や指定を受けるためには，一定のサービスの質を担保するために，施設ごとにそれぞれの法制度に基づいた設置基準，もしくは指定基準の要件を満たすことが求められる。具体的には設置する社会福祉施設の種類や規模，開設時間に応じ，配置すべき職員の人数や経験，職種等を定めた「**人員基準**」，施設の広さや必要な設備を規定した「**設備基準**」，サービス提供にあたって事業所が行わなければならない事項や留意事項など，事業を実施するうえで求められる「**運営基準**」があり，基準を満たしていることを示した所定の様式の申請書類や客観的な資料を提出し，基準を満たしていると認められれば社会福祉施設等の開設が可能になる。

（2）運営のためのヒト・モノ・カネから設置基準を考える

　ここでは障害者福祉サービス事業所の新規開設と運営を例にとり，それぞれの基準についての具体的な在り方について解説していく。

　①　障害福祉サービス事業所（共同生活援助）の新規開設を検討する

　ゼロから事業をはじめるときに「ヒト・モノ・カネ」とは組織運営に必要な三大要素であり，社会福祉施設を設置し，継続的に運営していくうえでも不可欠なものである。

　第一に，社会福祉施設の開設には法人である必要があるため，法人格をもっていない場合は社会福祉法人や特定非営利活動法人（NPO 法人），あるいは株式会社等の法人を設立する。その際には法人の定款に，開設を検討している社会福祉施設の種別に応じた文言を明記する。第二に，開設したい施設の設置基準に適合するためには，当然のことながらまとまった資金が必要になってくる。

自己資金が十分にあるに越したことはないが　資金が不足する場合には，日本政策金融公庫の創業融資やソーシャルビジネス資金融資，独立行政法人福祉医療機構の福祉貸付事業等を利用し，初期費用を調達することもある。融資を願い出るために必要経費を算出した書類を提出しなければならないが，設置基準を満たすための設備を整え，人員を配置するために具体的な費用を算出するために設置基準の理解が重要になってくる。さらに，設置する場所をどこに構えるかも重要である。バスや鉄道等の交通の便や，近隣には買い物をする場所や公共施設等がどのようなところがあるか等の一般的な住居としての利便性の他に，入居者が働ける場や昼間利用する社会福祉施設等が近隣，もしくは交通の便が良い場所にあるか等のリサーチをし，利用者のニーズに即した，需要がある立地・地域であることも重要である。

②　共同生活援助開設のための物件の検討

たとえば障害福祉サービスの共同生活援助（グループホーム）を開設したいとしよう。「障害者総合支援法に基づく指定障害福祉サービス事業等の人員，設備及び運営に関する基準」（以下，指定基準省令）の第16章「共同生活援助」第210条（設備に関する基準）を参照すると共同生活援助の利用者定員は 4 名以上で，原則として一人あたり7.43㎡の個室を備える必要があることが読み取れる。目星をつけた一軒家の物件で 4 名分の居住スペースを確保しようとしていて，4 部屋のうち，1 部屋だけが7.43㎡未満で基準を満たせなかった場合，このままでは指定の要件を満たせない。ただ，指定基準省令第210条を参照すると，「サテライト型住居」に関する規定があり，一定の要件を満たせば，近隣のアパートの一室を借りることで基準を満たすことができる可能性があり，利用希望者が増えてきたら同じように部屋数を増やすことで柔軟な定員の設定が可能になる。

③　職員の配置・採用を考える

開設する施設の規模や利用者の定員にある程度めどがついたら，次に対応する職員の配置を検討する必要がある。表 4 - 1 は指定基準省令第208条（従業者の員数）から作成した，「定員 4 名で共同生活援助（介護サービス包括型）を設置する場合の職員配置基準」である。指定申請時に要件を満たすだけでなく，利

表4-1　利用者定員が4人の共同生活援助を開設する場合の要件

職種等	資格要件・人数	勤務時間
管理者		常勤（兼務可）
サービス管理責任者	所持資格に応じた実務経験年数に加え，研修受講が必要	常勤・非常勤1人以上
生活支援員（介護等）	1人以上（ただし障害支援区分2の利用者のみの場合は不要）	兼務可
世話人（家事援助）	1人以上	兼務可

出所：筆者作成。

用者が増えた場合も円滑かつ持続可能な運営ができるようにあらかじめ想定した人員配置から人件費を算出する必要がある。設置後には定期的な実地指導や監査があり，設置基準を下回っているのにもかかわらずそれらを改善せずに事業を続けていれば，「報酬の不正請求」「虚偽報告・申請」「法令違反」等が問われ，法人に対して罰金等の罰則や新規利用者の受入停止，認可・指定取り消し等の行政処分が下される可能性があるからである。社会福祉施設の責任者となった場合でも，社会福祉施設を設置するにあたっての関係法令，特に設置基準を十分に理解しておかなければ，安定した施設運営が脅かされるだけでなく，管理者個人が資格の停止や剥奪等の行政処分の対象となることや，悪質な場合は刑事責任を負わなければならないケースも出てくる。コンプライアンス（法令遵守）に基づいた事業所運営を行っていくためには，管理者自身が社会福祉施設設置基準を理解しておくだけでなく，共に働く職員ともそれを共有し，管理責任者は職員の負担も考慮しつつ，施設を持続可能なものにする工夫も必要となってくる。

2　社会福祉施設設置基準

（1）社会福祉施設設置基準とは

　社会福祉施設等には人員，設備，運営等の基準がある。社会福祉施設を設置するにあたっては，社会福祉施設の種別ごとに「設備基準」「運営基準」「人員基準」が定められており，これらを社会福祉施設設置基準と総称する。これら

の条件を満たすことで当該施設は社会福祉施設として公的に認められるようになる。これら「設備基準」「運営基準」「人員基準」は最低基準（ミニマム・スタンダード）を具体化するものとして省令等で定められている。保育所を例にとると，子どもが安心安全に過ごすことができ，十分な学びの機会が保障される「物理的な環境」や保育サービスの提供時間，職員の質や十分な配置人数等，職員が子どもと余裕をもって向き合うことができる人的環境が保障される事業運営体制等の観点から検討され，児童福祉施設最低基準のなかに盛り込まれてきた。

　しかし，2011（平成23）年に「地域の自主性及び自立性を高めるための改革の推進を図るための関係法律の整備に関する法律」（第 1 次地方分権一括法）および「地域の自主性及び自立性を高めるための改革の推進を図るための関係法律の整備に関する法律」（第 2 次地方分権一括法）が施行された。その関係法律および政省令の改正により，国に権限が集中した行政の在り方を見直し，地方へ財政や権限の移譲を促進するために地方自治法を中心に複数の法律が改正された。社会福祉行政においてもさまざまな改正がなされ，2012（平成24）年 4 月 1 日から，社会福祉施設等に係る設備，運営，人員等の基準等については，都道府県および中核市等の条例で定めることになった（表 4 - 2）。つまり，国が定めた全国一律の基準から，地方自治体等が認可や指定の基準を地域の実情に応じて一定の範囲ではあるが，条例で定めることが可能になったのである。

　表 4 - 3 は従来から設定されていた国が示していた基準と，地方自治体が条例で決められる基準との関係性について表したものである。「従うべき基準」は必ず逸脱してはならない基準で，国が提示した基準を下回った基準設定をしてはならないことになっている。人員基準や居室の面積等，利用者の人権に関わるような内容が多く，地方自治体の裁量でより厳しい設定は可能だが，緩和することはできないものになっている。「標準とすべき基準」「参酌すべき基準」はどちらも地域の実情に応じて異なる内容を定めることは可能ではあるが，異なる基準を設定する場合には，前者は「標準とは異なる設定をする十分な説明」が，後者は「参酌すべきとした基準の意義を十分に比較検討したという行為を行うこと」が必要になる。

表4-2　基準を条例で定める主な社会福祉施設等

根拠法	施設等の種類	
児童福祉法	○助産施設 ○乳児院 ○母子生活支援施設 ○保育所 ○児童厚生施設 ○児童養護施設 ○障害児入所施設	○障害児通所施設 （児童発達支援センター） ○児童心理治療施設 ○児童自立支援施設 ○児童家庭支援センター ○指定障害児入所施設 ○指定障害児通所支援事業
老人福祉法	○養護老人ホーム ○軽費老人ホーム	○特別養護老人ホーム
介護保険法	○指定居宅サービス ○指定介護老人福祉施設 ○介護老人保健施設 ○地域密着型サービス	○指定介護療養型医療施設 ○指定介護予防サービス等 ○介護医療院 ○指定訪問入浴介護　他
生活保護法	○救護施設 ○更正施設 ○医療保護施設	○授産施設 ○宿所提供施設
社会福祉法	○婦人保護施設	○軽費老人ホーム
障害者総合支援法	○指定障害福祉サービス ○指定障害者支援施設 ○福祉ホーム	○障害者支援施設 ○地域活動支援センター ○指定共同生活援助　他

出所：筆者作成。

表4-3　基準の類型（基準を条例で定めるにあたっての法令上の制約）

基準区分	法的効果	基準設定		例
		基準緩和	基準厳格化	
従うべき基準	最低限守るべき基準	× 逸脱していないかの説明責任	○	従業者の員数 人権に直結内容等
標準とすべき基準	通常よるべき基準	○ 合理的理由の説明が必要	○	利用者定員等 （一部事業除く）
参酌すべき基準	十分参酌すべき基準	○ 参酌する行為の実績が必要	○	居室以外必要設備 災害対策等

出所：富山市（2019）「社会福祉施設等の設置・管理基準の条例化について」を参考に筆者作成。

　このように社会福祉施設等の認可・指定基準は安全や人権に関わる部分は「従うべき基準」として設定されており，その他の部分は「あるべき基準」を

提示しつつも，相当の理由があれば，直接の認可や指定を行う地方自治体が一定の範囲の裁量で地域性を踏まえて設定ができる仕組みになっている。

　社会福祉施設を設置する際は施設種別に応じた基準を定めた法令を参照し，国が示す従うべき基準と，設置する場所を管轄する地方自治体が定める条例に定められた内容に適合させることで，サービスの一定の質を客観的に担保した社会福祉施設として認められることになり，公的な補助の対象となるのである。

（2）社会福祉施設設置基準の内容の実際

　次に，社会福祉施設等の設置基準で実際にどのような基準が定められているかについて説明する。

　①　設備基準

　訓練・作業室，相談室，洗面所，便所，食堂など設置しようとする施設・サービスに運営上必要な設備を設ける必要がある。また設備によっては部屋の面積の制約が設けられていることもある。そのような設備に関する基準を設備基準という。

　また，消防法に定められた基準をクリアすることも必要で，自動火災報知設備，消火器，スプリンクラー等を備えることや，内装を燃えにくいものにするなどの措置が必要である場合もある。また，保育所など食品を扱う設備が必要な場合は，食品衛生法の基準を満たす必要がある。消防法や食品衛生法は社会福祉施設を利用する人々の命に直結することであり，厳密にチェックされるので基準を満たしているかどうかの細かい確認をする必要がある。

　②　運営基準

　運営基準とは，サービス内容やサービス提供の手順等，事業所が実施する必要があることや留意すべき事項など，運営上求められるルールを適切に定められているかどうかを確認する基準である。たとえば，利用者や保護者等に対して運営規程，サービスなどに関係する重要事項を文書で説明・交付し，同意を得る仕組みを作ることや，虐待防止についての責務，苦情解決の仕組みなど日々の運営に必要な事項について取り組む体制があるかどうかを確認する。具体的には，契約書や重要事項説明書を明文化し，虐待防止のための研修の実施

体制や実施記録を整備する等が挙げられる。

　③　人員基準

　社会福祉サービスの種類や利用者の定員等によって必要な職員数を定めたものが人員基準である。これには社会福祉士・保育士等の国家資格，公的資格，実務経験等の要件も施設・サービスごとに定められている。また単純に在籍すべき職員数ではなく，「職員一人当たりが実際に仕事に従事している時間」である「常勤換算」をした所定の勤務時間も満たす必要がある。人員基準職員は原則として職種別に常勤職員を配置することが必要になるが，パートやアルバイトなど常勤とは異なる労働時間で雇用している職員の勤務時間を，常勤と同等の時間に換算した配置が認められているサービスもある。ただし，サービスの種類によっては必ず常勤の職員を配置しなければならないものもあるので注意が必要である。

3　社会福祉施設の運営費用の内訳と負担割合

　社会福祉施設は主に公的資金で運営がなされており，施設の種別や設置者によって，国・都道府県・市区町村の負担割合が異なる。また利用者からの利用料や，介護保険制度では一定の年齢に達した人すべてから毎月徴収する保険料も財源になっている。本節では社会福祉施設の運営費のなかでの措置費等の公的資金の負担割合について述べる。

（1）児童福祉：委託費（保育所・認定こども園等）

　保育所は，保育を必要とする子どもの保育を行い，その健全な心身の発達を図ることを目的とする施設である。公費の負担割合については，国が2分の1，都道府県と市区町村がそれぞれ4分の1ずつを負担することになっている。ただし，市区町村立保育所は全額を市区町村負担で運営する仕組みになっている。従来，世帯収入に応じて月額0円から10万円程度の利用料負担があったが，2019（令和元）年10月から実施された「幼児教育・保育の無償化」により一部の実費負担分を除き，原則として利用料の負担がゼロとなり，全額が公費負担

となった。子ども・子育て支援新制度による地域型保育事業や認定こども園の負担割合も保育所と同様の取り扱いとなっている。

（2）児童福祉：措置費（社会的養護に関する施設・サービス）

社会的養護とは，保護者がいなかったり，保護者による虐待があったりする等の理由で保護者が養育することが適切ではない子どもを公的責任で社会的に養育し，子どもの権利を守り，子どもの最善の利益を図り，養育に大きな困難を抱える家庭への支援を行うことである。社会的養護を実施する代表的な入所施設としては，乳児院（原則として0〜1歳未満の乳児を対象），児童養護施設（原則として2〜18歳以下を対象）等があり，公立・私立にかかわらず，公費負担割合は国が2分の1，都道府県が2分の1である。ただし，政令指定都市や児童相談所設置市に設置される場合は当該市区町村が都道府県分を負担する。施設入所中に発生した医療費や，里親の委託費用も同様の負担割合である。

一方，18歳未満の子どもがいる母子家庭，もしくは何らかの事情で離婚の届出ができないなど，母子家庭に準ずる家庭に対して生活の場を提供し，相談・援助を行う「母子生活支援施設・助産施設」では，市町村立の施設や福祉事務所設置市町村について国が2分の1，都道府県と市町村がそれぞれ4分の1ずつ負担することになっている。

（3）児童福祉：給付費（障害児施設）

障害がある，もしくは発達に何らかの課題がある子どもの発達支援を目的とした，児童発達支援施設（就学前児童が対象）と放課後等デイサービス（小中高校生を対象）等の障害児通所施設や，保育所や学校に訪問して発達支援に関する助言を行う保育所等訪問支援がある。市町村が実施主体であり，負担割合は国2分の1，都道府県4分の1，市町村4分の1である。一方で，障害児入所施設の負担割合は国2分の1，都道府県等2分の1となり，実施主体も都道府県，政令指定都市，児童相談所設置市となっている。世帯所得に応じて利用者負担があるが，2019（令和元）年10月から実施された「幼児教育・保育の無償化」により，乳幼児が利用する場合は一部の実費負担分を除き，原則として利

用料の負担はゼロになっている。

（4）老人福祉：措置費（老人福祉施設）

　老人福祉施設とは，要介護状態ではないが，何らかの福祉的ニーズがある高齢者が市区町村の措置によって入所できる老人福祉法第5条の3で定められた施設であり，養護老人ホーム，軽費老人ホーム等がある。

　養護老人ホームとは，老人福祉法を根拠とする65歳以上の身体・精神または環境上の理由や経済的な理由により，自宅での生活が困難な人に食事サービス，機能訓練，その他日常生活上必要な便宜を提供することにより養護を行う施設である。つまり，生活上何らかの困難があり，経済的にも困窮している65歳以上の高齢者であって，要介護状態になく，市区町村長が認めた場合に利用ができる。従来は「養護老人ホーム等保護費負担金運営経費」として国による直接の負担分があったが，「地方にできることは地方に」というキャッチフレーズで，「国から地方への補助金の削減」「国から地方への税源の移譲」「地方交付税の見直し」という三位一体改革の一環として，2005（平成17）年から一般財源化された。この「老人保護措置費支援基準」をベースとして，財政負担は市町村が行っている。

　軽費老人ホームは老人福祉法第20条の6に規定されており，「無料又は低額な料金で，身体機能の低下等により自立した日常生活を営むことについて不安があると認められる者であって，家族による援助を受けることが困難なものを入所させ，食事の提供，入浴等の準備，相談及び援助，社会生活上の便宜の供与その他の日常生活上必要な便宜を提供することにより，入所者が安心して生き生きと明るく生活できるようにすることを目指す」(2)施設である。運営費は2004（平成16）年度より国庫負担分が一般財源化され，利用者から徴収する利用料と市町村からの軽費老人ホーム事務費補助金で賄われている。利用者の徴収額は，利用対象者の収入の階層区分ごとに徴収額基準が示されており，市町村によって負担割合が異なる。

（5）介護保険サービス：給付費（介護保険施設等）

　介護保険施設・サービスとは，介護保険法に基づき，市区町村から「要支援」「要介護」の認定を受けた者がサービス事業者との契約により利用できる保険制度である。運営は各市町村が行い，40歳以上が被保険者として加入することになっている。訪問介護や通所介護等の「居宅等のサービスに係る費用（居宅等給付費）」，特別養護老人ホーム等をはじめとした「施設等のサービスにかかる費用（施設等給付費）」に大別される。両者とも被保険者が支払う保険料が財源の50％を占める点は共通しているが，サービスごとに国・都道府県・市区町村の負担割合が異なっている。

　また，介護保険サービスには介護予防訪問介護，介護予防通所介護などの「介護予防事業」や地域包括支援センターの運営等の「包括的支援事業及び任意事業」があり，包括的支援事業及び任意事業の負担割合のみ，第2号被保険者の財源を使わないために，その分公費の負担割合がそれぞれ多くなっている（図4-1）。

（6）障害福祉サービス：給付費（障害者支援施設等）

　「障害福祉サービス」とは障害者総合支援法に基づいて提供されるサービスの総称であり，何らかの介護の必要性があると認定された障害者等のニーズに応じてサービスを提供する「介護給付」と，社会生活を営むために必要な生活・仕事のスキルなどを身につける訓練を行う「訓練等給付」のことを指す。具体的には障害者総合支援法第5条に規定する「居宅介護，重度訪問介護，同行援護，行動援護，療養介護，生活介護，短期入所，重度障害者等包括支援，施設入所支援，自立訓練，就労移行支援，就労継続支援，就労定着支援，自立生活援助及び共同生活援助」がある。

　この法律による「障害者」とは身体・知的・精神障害だけでなく，発達障害や難病（同法第4条にある，治療方法が確立していない疾病その他の特殊の疾病であって政令で定めるものによる障害の程度が厚生労働大臣が定める程度である者）が含まれる。負担割合は原則としてどのサービスも国2分の1，都道府県4分の1，市町村4分の1であるが，訪問系サービス（居宅介護，行動援護，重度訪問介護，

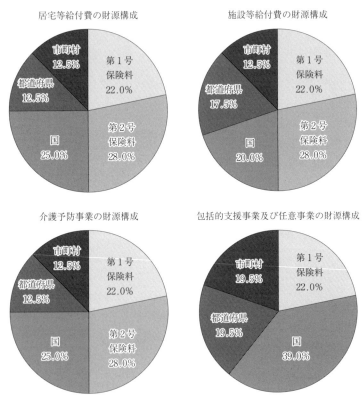

図4-1　介護保険の財政負担割合

出所：札幌市「介護保険の運営のしくみ」(https://www.city.sapporo.jp/kaigo/k100citizen/
　　　k111zaisei.html　2021年9月1日閲覧)。

重度障害者等包括支援）に限っては，「国庫負担基準」が定められ，ある一定の
基準を超えると，市町村の負担になるという仕組みになっている。

4　社会福祉施設における監査

（1）社会福祉施設における監査とその意義

　監査とは，特定の対象に関し，法令等の規準に照らして，当該業務や成果物
がそれらに則しているかどうかの客観的な証拠（情報）を収集し，その証拠

（情報）に基づいて，監査対象の有効性を利害関係者に対して合理的に保証するることである。言い換えれば，監督し，検査することであり，特定の人物や事業所が行っていることや，行った結果を記録した情報について，独立の立場にある第三者が，調査および評価をして，その結果を示し，報告することである。

　社会福祉施設における監査とは，ケース記録や実地で確認した社会福祉施設の設備状況等の客観的な証拠（情報）を収集し，その証拠（情報）が，国が定める法律や地方自治体が定めた条例等の法令等を遵守し，その運営が適切になされているかを管轄する行政機関や内部機関が確認・指導，その結果を客観的に示すことである。

　つまり，利用者や利用者を取り巻く関係者に対して福祉サービスの品質を一定保証するための行為である。つまり，民間の運営とはいえ運営費に税金が拠出されている社会福祉施設が，利用者や関係者をはじめとした**ステークホルダー**（利害関係者）にとって信頼できる運営がなされているかを客観的に示すための仕組みであり，**アカウンタビリティ**（説明責任）を果たすための大きな根拠となり得るものである。以下のようなものがある。

（2）指導監査

　指導監査とは行政機関が実施する監査で，社会福祉施設等の適正な運営の確保を図るため，関係法令や関係省庁の通知等による指導事項が遵守されているかどうか，必要な助言・指導を実施する監査である。一定の周期（たとえば介護保険サービス事業者等に対してはおおむね4年に1回，障害福祉サービス事業者等に対してはおおむね3年に1回）で計画的に実施される「**一般監査**」と運営に不正や重大な問題があると疑われる場合に実施される「**特別監査**」があり，行政機関の担当課の職員によって実施される。また，監査を実施する前段階として，法律に基づいた運営やコンプライアンスが守られているかを講習会形式で確認する「**集団指導**」や，行政の実地指導監督が事業所を訪問し，書類やヒアリングによって法令に則った運営ができるようにアドバイスを行う「**実地指導**」等の指導が行われる（図4-2）。通常，実地指導が行われる場合は事前に実施する日時や内容の通知が事業所に届き，実地指導で不正や不適切な点が見つかっ

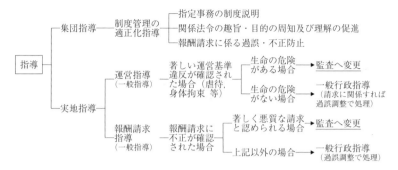

図4-2　指導の流れ

出所：厚生労働省（2006）「都道府県・市町村が実施する指導及び監査の流れ」を筆者が一部改変。

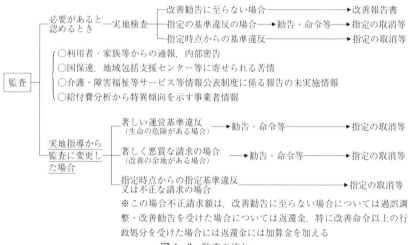

図4-3　監査の流れ

出所：厚生労働省（2006）「都道府県・市町村が実施する指導及び監査の流れ」を筆者が一部改変。

た場合は，後日監査を実施される可能性がある。監査の結果，問題が見つかれ
ば文書等による改善勧告や改善命令が出され，重大な違反が認められるときは
業務停止処分や認可や指定の取り消しが行われることもある（図4-3）。

（3）行政監査

　行政監査は，地方自治法第199条第2項に基づき，行政機関が実施する事務

事業の中で特定のものを取り上げ，合理的，効率的な実施がなされているか，また，事業目的を達成できているかを確認する監査である。

　つまり，社会福祉施設等の認可や指定，そして監査を行っている行政機関に対して，適切な事務が実施されているかどうかを確認する仕組みで，行政機関からは独立した地位を認められた執行機関である「監査委員」（地方自治法第195条第 2 項で規定）によって実施される。監査委員は，地方公共団体の財務管理や事業の経営等，行政運営に関して優れた識見を有する者や議員のうちから議会の同意を得て，知事や市町村長が選任する。都道府県や人口25万人以上の市には 4 人が任命され，それ以外の市町村には 2 人が任命されるが，条例でその定数を増やすことができる。

（4）内部監査

　内部監査とは，法人が任意に設置する内部監査人や内部監査部門による法人内の業務を監査することである。法人内の**コンプライアンス**体制を定期的に確認し，法人内の業務が円滑に取り組まれているかどうか，不正や不祥事の防止を図る取り組みである。内部監査については特に法的な定めはなく，実施は任意であり，実施方法にも決まりはないが，指導監査に準じた，もしくは指導監査にさらに付け加えた「自己点検シート」等を作成し，監査対象の事業所所属ではない，法人内の職員を監査人とするケースや，法人内で内部監査委員会を立ち上げて実施するケース，また法人内の複数の事業所間で相互に監査し合うケースなどがある。

　2016（平成28）年 3 月の社会福祉法の一部改正で，高い公益性と非営利がある社会福祉法人に対して，その運営状況について国民に対する説明責任を十分に果たす必要があるとされた。社会福祉法人に対して「内部監査部門の設置，内部監査部門による統一管理」等のガバナンスの強化，財務規律の確立がよりいっそう強く求められるようになった。その結果，コンプライアンスを職員レベルまで周知徹底しなければ，問題が起こったときのリスク回避にはならないと社会福祉法人の監事等から指摘される場合もあり，内部監査が重要視されつつある。内部監査を単に指導監査に備えるためのものとするのではなく，利用

者のため，職員のため，よりよい事業所を作っていくための手段として取り組んでいくことが重要になるだろう。

（5）特別監査

　社会福祉施設等の運営に不正，もしくは著しく不適切な状況が疑われる具体的な理由がある場合や，正当な理由がなく一般監査を拒否した場合などに実施される監査である。社会福祉施設等の会計や利用者の対応，職員の配置や処遇に関すること等，通常の監査より詳細な法令違反や不適切な運用がなされていないかの調査を実施する。通常の監査と異なり，事前の告知なく実施されることもあり，通常の監査で不正等が疑われる状況が発見された場合，急遽特別監査に切り替えられることもある。人の命や人権を守ることも含めた，安定的な社会福祉施設等の運営を図るために，他の監査とあわせて，必要不可欠な取り組みである。

5　持続可能な社会福祉施設の運営

（1）持続可能な運営の社会的要請——国連が提唱する SDGs と社会福祉

　社会福祉施設を新規に開設する際の流れと社会福祉施設設置基準や監査の在り方について述べてきた。これらは社会福祉施設が安定して安心できる，質の高いサービスを提供し続けるために必要な要素であるが，加えて，2015年9月国連サミットで，国際社会全体が掲げる目標として「SDGs」というキーワードが出された。SDGs（Sustainable Development Goals）とは持続可能な開発目標のことであり，「誰一人取り残さない」よりよい社会の実現を目指す世界共通の目標である。「貧困をなくそう」「エネルギーをみんなに，そしてクリーンに」「働きがいも経済成長も」「人や国の不平等をなくそう」等の17の具体的目標がある。そのなかに「すべての人に健康と福祉を」という項目もある。社会福祉施設等の運営は今，目の前の利用者のためによりよいものにしていくことのみならず，未来に向けて解決すべき社会課題にも目を向けていくことが求められている。

（2）社会福祉施設運営に関わる現在の課題——財源・コスト　人材

　現在の社会状況のなかでは持続可能な運営に取り組むにあたってさまざまな課題がある。まずは財政的な問題である。多くの社会福祉施設は措置制度中心で行政からの委託費のみで運営していた時代が長く続き，行政の法令や指針に忠実な施設運営をしていれば財政的には安定した運営を行うことができていた。しかし，社会福祉基礎構造改革以来，社会福祉施設をめぐる財源はその時々の社会情勢や世論，さまざまな関係団体の思惑による提言や，その影響を受けた政治情勢によって変動をし続けている。

　その第一に成果主義の導入が挙げられる。障害福祉サービスを例にとっても，数年おきに制度改正があり，サービスの種別によっては１日あたりの利用者数のみならず，就労支援にあたっては就職につなげたか，工賃向上をどれだけできたか等の数字に左右される成果主義の色彩が強くなってきている。さらに数年おきの制度改正によって福祉サービスに関わる事業所に支払われる報酬の算定要件や額が改訂され，特に基本報酬は減額される傾向にあり，連携の有無などの細かい業務内容のチェックによって加算が入る仕組みになってきている。新たな利用者の獲得や，新たな取り組み，そしてそれに伴う新たな記録の整備が必要になり，監査におけるチェック項目も増えてきている。

　第二に，無駄を省き，効率性を重視し，社会福祉施設等に関わる運営のコストを下げるという経営の自助努力が求められるようになったことである。「職員がよりよい仕事をするのに必要」「利用者のよりよい支援のために必要」としてこれまでは必要と思えばすぐに購入できた物品なども，コストを意識し，本当に必要なのかを組織的に検討することが求められることになる。

　第三に人の問題である。今日社会福祉施設の多くは人材確保で苦労している。公益財団法人介護労働安定センターの2020（令和２）年度の調査報告書による[3]と，訪問介護員や介護職員の離職率について調査した結果，離職者を勤続年数の内訳でみた場合，「勤続１年未満」の離職者が全体の約４割を占めている。また，勤続３年未満の離職者を合計すると約６割強となり，離職率を引き上げているのは，勤続年数の短い労働者が要因ともいえる。また，職員が不足している理由では，「採用が困難である」が90.0％で，その理由としては「同業他

社との人材獲得競争が厳しい」が57.9％，「他産業に比べて，労働条件等が良くない」が52.0％，「景気が良いため，介護業界へ人材が集まらない」が40.9％となっている。介護支援専門員（ケアマネージャー）や障害福祉サービス運営に必置であるサービス管理責任者や放課後等デイサービス・児童発達支援事業で必置である児童発達支援権利責任者は，指定の研修に加えて，一定の実務経験年数が必要であり，業界で長く勤めている人材が必要不可欠にもかかわらず，人材確保や継続的な雇用に苦戦する事業所も少なくない。

　筆者は社会福祉施設において「職員同士の違いを可視化して，チームワークを向上させるための研修（ワークショップ）」を開催してきたが，対人支援は多様な人間観・考え方があり，考え方と経験によって支援の方向性，支援の手段も多様であり，支援に関する価値観もさまざまであると感じた。また，目の前の利用者のためにという思いは共通であっても，支援観が少し異なるだけで，職員同士の人間関係の悪化につながり，ドミノ倒しのように離職してしまったというケースもあった。社会福祉や支援の在り方について学べば学ぶほど，本気で考え，本気で取り組むほど，この溝は広がりやすい。だからこそそれぞれの思いをすり合わせその溝を埋める仕組みが必要になる。利用者の強みを活かした支援を展開するだけでなく，職員同士がお互いの得手不得手を相互に理解し，強みを活かしていく視点の共有と定期的な取り組みがその鍵となってくるであろう。

（3）利用者のための社会福祉施設を超えて──地域みんなの社会福祉施設を目指して

　今日の社会福祉施設は「地域における社会的役割」が求められてきており，利用者や職員のためだけのものではなく，地域に根差し，地域と共に発展する，「地域みんなの社会福祉施設」であること，地域にかけがえのない「持続可能な存在」になっていくことが必要であり，持続可能な運営を考える必要に迫られている。

　社会福祉施設等を適切に運営するための基本的な知識は，経営者や施設長だけでなく，社会福祉施設等に関わる幅広い人々が知り，共通の土台をもち，運

営の在り方を議論することがよりよい社会福祉施設等を共に創ることにつながっていく。だからこそ社会福祉施設等の運営の在り方ついて今一度関心を持ち，学び続けてほしいと考える。

注

⑴　厚生労働省（2010）『平成22年版厚生労働白書』。
⑵　厚生労働省令「軽費老人ホームの設備及び運営に関する基準」（平成20年5月9日）。
⑶　介護労働安定センター（2019）「介護労働の現状について　令和元年度介護労働実態調査の結果と特徴」。

参考文献

厚生労働省（2018）「介護労働の現状」（https://www.mhlw.go.jp/content/12602000/000482541.pdf　2021年10月1日閲覧）。
富山市（2019）「社会福祉施設等の設置・管理基準の条例化について」（https://www.city.toyama.toyama.jp/data/open/cnt/3/10384/1/syakaifukusisisetutounosecchi-kanrikijunnojoureikanituite.pdf?20190331193147　2021年10月1日閲覧）。
若林美佳監修（2012）『事業者必携　障害者総合支援法のしくみと福祉施設運営手続きマニュアル』三修社。
『障害者総合支援法事業者ハンドブック　2021年版指定基準編』中央法規出版。
『障害者総合支援法事業者ハンドブック　指導監査編（第3版）』中央法規出版。

キーワード一覧表

☐	**コンプライアンス**　単なる法令遵守のみならず，社会規範，倫理観，公序良俗などの社会的な規範に従い，公正・公平に業務を行うことをいう。　　65
☐	**ステークホルダー**　利用者，従業員，取引先，地域社会などの利害関係者のことをいう。　　63
☐	**行政監査**　行政機関が実施する監査で，社会福祉施設の適正な運営の確保を図るため，関係法令や関係省庁の通知等による指導事項が遵守されているかどうか，必要な助言・指導を実施する監査のこと。　　64
☐	**内部監査**　法人が任意に設置する内部監査人や内部監査部門による法人内の業務を監査することで，法人内のコンプライアンス体制を定期的に確認し，不正や不祥事の防止を図る取り組みのこと。　　65

☐　**指導監査**　行政機関が実施する監査で，社会福祉施設の適正な運営の確保を図
　　るため，関係法令や関係省庁の通知等による指導事項が遵守されているかど
　　うか，必要な助言・指導を実施する監査のこと。　　　　　　　　　　　63

☐　**特別監査**　事故が起こった場合や重大な法令違反の疑いがある場合，抜き打ち
　　で行われる全般的な法令遵守状況を確認する監査のこと。　　　　　　　63

一問一答　　　　　　　　　⇒○か×か，答えてみよう。解答は212頁を参照。

Q1　介護保険法では，介護保険施設および特定施設の給付費については，国が
　　25％，都道府県が12.5％，市町村が12.5％の負担割合となっている。　（　　）

Q2　介護保険第2号被保険者の保険料は，介護予防と包括的支援事業では財源と
　　されない。　　　　　　　　　　　　　　　　　　　　　　　　　　　（　　）

Q3　アカウンタビリティとは，ステークホルダーへの説明責任のことをいう。
　　　　　　　　　　　　　　　　　　　　　　　　　　　　　　　　　　（　　）

Q4　介護保険法の居宅介護サービスにおける国と地方自治体の負担割合は，2対
　　1である。　　　　　　　　　　　　　　　　　　　　　　　　　　　（　　）

Q5　養護老人ホームへの入所措置に要する費用は全額が市町村の負担である。
　　　　　　　　　　　　　　　　　　　　　　　　　　　　　　　　　　（　　）

第Ⅱ部

福祉サービスに関する基礎理論

第5章

福祉サービスの運営と経営に関する基礎理論

　本章では，組織が成立するために必要な要素を考え，優れた組織を構築するための原理・原則について学ぶ。さらに，2016（平成28）年社会福祉法の一部改正によって，社会福祉法人のガバナンスの強化が図られた。その概要を理解するなかで，今後求められる福祉サービスの経営に関する視点を経営に関するいくつかの基礎理論から考える。

1　福祉サービスの経営と組織とは

（1）組織を成り立たせる要素

　現代社会は，さまざまな組織によって成り立っている。たとえば，国や地方公共団体，営利を目的としている企業，医療機関，教育機関，社会福祉のサービスを提供する事業所もそれぞれの組織体として活動がなされている。

　ある目的を有して2名以上が集まれば1つの「集団」として捉えることができるが，「組織」とはその目的を達成するために，役割を分担して責任を果たし，協力，協調，連携しながら活動を行う集団である。つまり，「集団」は人の集まりであり，「組織」は有する目的を達成するために役割をもった人の集まりといえる。

　アメリカの経営学者バーナード（C. I. Barnard）は，組織とは「2人以上の人々の，意識的に調整された諸活動，または，諸力のシステム」と定義し，目的達成に向けて個々人の諸活動や諸力を結びつける組織構成には，①共通目的（組織目的），②協働意思（貢献意欲），③意思疎通（伝達）の3つの要素が必要で

表5-1　組織構成の3要素

要　素	内　容
① 共通目的 　（組織目的）	組織における「ミッション」や「理念」「ビジョン」であり，個々人の諸活動や諸力を結びつける明確な目的が必要である。
② 協働意思 　（貢献意欲）	メンバー同士が互いに協働して，組織の役に立ちたいという貢献意欲であり，モチベーションやチームワークなどをいう。
③ 意思疎通 　（コミュニケーション）	メンバー間やリーダー・メンバー間の意思疎通によって，組織が円滑に運営される。

出所：バーナードの「組織構成の3要素」をもとに筆者作成。

あるとしている[1]（表5-1）。

　福祉サービスを提供する各施設や事業所は，それぞれ一定の目的を有する組織であり，固有性を発揮しながら事業を展開しているのである。

（2）組織における基本理念の重要性

　社会福祉サービスは，社会福祉法人をはじめとしたそれぞれの組織によって提供される。そして，組織は固有の目的を有しているが，その目的は法人が掲げる**基本理念**に該当する。理念とは，その法人が最も大切にする考えで，組織の根幹をなすものであり，法人の特色を表したものである[2]。バーナードの定義を用いれば，法人（組織）が掲げている基本理念に賛同した職員が集まり，その理念を達成するためにそれぞれの職員が協働して取り組み，貢献しながら行われる諸活動であるといえる。したがって，組織は基本理念に沿った事業展開を効果的，効率的に進めるために，職員に役割と責任を規定し，職員間，部署間の協力，連携を図っていかなくてはならない。各職員がばらばらに働いていては組織として機能しない。1つの組織に集う職員が同じ目的意識をもって同じ方向に進んでいくことで，組織力が高まり，基本理念に沿った福祉サービスの支援が可能となるのである（図5-1）。

（3）基本理念と福祉サービスとの関係

　基本理念は，組織の原点であり，目指すべき方向性を示したものであるが，きわめて抽象的な表現であるところが多い。それは，理念は組織におけるさま

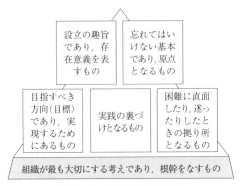

図5-1　基本理念の重要性

出所：津田耕一（2011）『福祉職員研修ハンドブック――
職場の組織力・職員の実践力の向上を目指して』ミ
ネルヴァ書房，54頁。

図5-2　基本理念を具体化するプロセス

出所：津田耕一（2011）『福祉職員研修ハンドブック――職場
の組織力・職員の実践力の向上を目指して』ミネルヴァ
書房，56頁。

ざまな活動に適応する必要があるためである。日々の支援はこれに基づき一貫
性をもって展開しなければならない。

　そのために，事業所における福祉サービスを見渡し，支援内容やプログラム
などを検討する際には，基本理念に立ち返り，実践を担う職員が意識すること
が必要である。基本理念を実現するための具体的な方法として，**経営・運営方
針**が示され，さらにサービスの原則や，事業計画，年間・月間の目標が立てら

れている。これに沿って日々の業務が進められることによって，組織としての活動が成り立っているのである（図5-2）。

2　社会福祉法人の経営体制の見直しと強化

（1）社会福祉法人のガバナンスの強化

　社会福祉法人をはじめとした社会福祉サービスを提供する事業所は，それぞれの基本理念をもとに利用者に質の高いサービスを提供することへの取り組みと，経営基盤の強化，さらに事業経営の透明性など組織体制の向上が求められる。これは**社会福祉基礎構造改革**によって「運営」から「経営」への転換が求められるようになったことによる。社会福祉事業を実施する組織には，高い公益性が求められるため，利益追求の組織であってはならない。2000（平成12）年に社会福祉事業法から改正された**社会福祉法**では，社会福祉法人や福祉事業の経営者に対して以下のように規定している。

（経営の原則等）第24条　社会福祉法人は，社会福祉事業の主たる担い手としてふさわしい事業を確実，効果的かつ適正に行うため，自主的にその経営基盤の強化を図るとともに，その提供する福祉サービスの質の向上及び事業経営の透明性の確保を図らなければならない。
（福祉サービスの質の向上のための措置等）第78条　社会福祉事業の経営者は，自らその提供する福祉サービスの質の評価を行うことその他の措置を講ずることにより，常に福祉サービスを受ける者の立場に立って良質かつ適切な福祉サービスを提供するよう努めなければならない。

　社会福祉法人の経営の在り方について，2000（平成12）年の「**社会福祉法人の経営に関する検討会報告書**」では，社会福祉法人の経営に関して必要となる方向性が，①経営組織，②事業管理，③財務管理，④人事管理の4項目から示されている（表5-2）。さらに，「社会福祉事業の担い手としてふさわしい事業の展開」を目指して，これらの4項目が「自主的な経営基盤の強化」「事業経営の透明性の確保」「福祉サービスの質の向上」にどのように位置づけられるかについても示されている（図5-3）。

表5-2　「社会福祉法人の経営に関する検討報告書」の概要

経営組織 ○法人本部の機能の充実・強化及び経営の透明性の確保 　• 組織体制の役割分担の明確化の必要性 　• 透明性の確保
事業管理 ○計画に基づく経営手法の導入及びサービス管理体制の整備 　• 経営方針及び中長期計画の作成の必要性 　• 事業の多角化及びサービスの管理の必要性 　• 危機管理（リスクマネジメント）等への対応の必要性
財務管理 ○的確な経営状況の把握及び積極的な情報開示 　• 財務諸表の活用による経営状況の把握の必要性 　• 中長期的な事業展開への対応の必要性 　• 情報開示の促進の必要性
人事管理 ○社会福祉事業従事者の技能の適切な評価と資質の向上 　• 人事考課制度の見直しの必要性 　• 職員の資質の向上の必要性 　• 人材の確保の重要性

出所：厚生労働省（2000）「『社会福祉法人の経営に関する検討会報告書』について」。

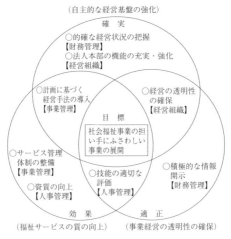

図5-3　社会福祉法人の経営原則と検討会報告内容との相関図

出所：厚生労働省（2000）「社会福祉法人の経営に関する検討会報告書」。

　これらの内容はこれまで**措置制度**のもとで福祉サービスの提供者主導によって進められてきた組織運営に，福祉サービスの主たる担い手としてふさわしい事業を確実，効果的かつ適切に実施していくため，自主的にその経営基盤の強化を図るという新しい考え方と変革を求めたといえる。社会福祉基礎構造改革を契機に，わが国の社会福祉に関する制度は大きく変わり，利用者を主体とした質の高い福祉サービスの在り方がそれぞれの事業所（組織）によって今日まで模索され，発展してきた。そこには，こうした経営に関する手法による管理体制の整備と強化も大きく影響しているのである。

（２）社会福祉法人の経営体制

　社会福祉基礎構造改革によって，社会福祉法人には「運営」から「経営」への転換が求められたが，その後は社会福祉法人制度の大きな見直しは行われてこなかった。経営組織は社会福祉法人制度当初発足以来のものと大きくは変わっていないため，**公益法人**に求められる内部統制（ガバナンス）の機能を十分に果たせる仕組みとはなっていないことから，社会福祉法人では，一部ではあるものの不適正な運営が指摘され，社会福祉法人全体の信頼を失墜させる事態に至っているという課題が明らかになってきた。[3]

　そのため，2016（平成28）年に社会福祉法の一部改正が行われ，**社会福祉法人制度改革**が実施された。この改革では，社会福祉法人の経営を担う理事（会），評議委員（会），監事および会計監査人の在り方について抜本的な見直しを図り，経営組織のガバナンスの強化，事業運営の透明性の向上等が進められた。

　組織には，２つの視点をもったガバナンスが求められる。１つは，組織経営の方向性を定め経営に関する意思決定をする権限をもつ者と，それらを監視・監督する役割を担う者である。社会福祉法人においては，理事会が業務執行の決定・意思決定を行い，監事・評議委員は理事の職務執行の監督などを担っている。社会福祉法においては，以下のように定めている。

　（機関の設置）第36条　社会福祉法人は，評議員，評議員会，理事，理事会及び監

事を置かなければならない。

　　社会福祉法人は，定款の定めによって，会計監査人を置くことができる。

（評議員会の権限等）第45条の8　評議員会は，全ての評議員で組織する。

　　評議員会は，この法律に規定する事項及び定款で定めた事項に限り，決議をす
　ることができる。

　　この法律の規定により評議員会の決議を必要とする事項について，理事，理事
　会その他の評議員会以外の機関が決定することができることを内容とする定款の
　定めは，その効力を有しない。

（理事会の権限等）第45条の13　理事会は，全ての理事で組織する。

　　理事会は，次に掲げる職務を行う。
　一　社会福祉法人の業務執行の決定
　二　理事の職務の執行の監督
　三　理事長の選定及び解職

（監事）第45条の18　監事は，理事の職務の執行を監査する。この場合において，
　監事は，厚生労働省令で定めるところにより，監査報告を作成しなければならない。

（会計監査人）第45条の19　会計監査人は，次節の定めるところにより，社会福祉
　法人の計算書類及びその附属明細書を監査する。この場合において，会計監査人
　は，厚生労働省令で定めるところにより，会計監査報告を作成しなければならない。

　今回の社会福祉法改正によって，**評議員会**が必置の機関となった。これまで
は一部事業を除き，評議員会の設置は求められていたが，法律上その設置は任
意であり，諮問機関として位置づけられていた。改正によって，評議員会は，
理事・理事長への**牽制機能**を有する機関となり，評議員の権限・責任が法律上
明記された。この新たな評議員会は，法人の基本ルールや体制を決定するとと
もに，役員の選任・解任を通じ，事後的に法人運営を監督する機関とされてい
る（図5-4，図5-5）。

　また，これまでは理事，理事長の役割，権限の範囲が明確でなかったが，改
正によって「理事の義務と責任」が新たに規定された。具体的には，社会福祉
法第45条の16第1項で「理事は，法令及び定款を遵守し，社会福祉法人のため
忠実にその職務を行わなければならない」と定められた。さらに，理事に求め

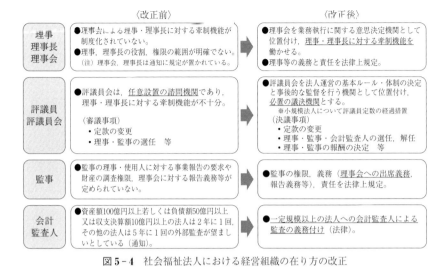

図 5-4　社会福祉法人における経営組織の在り方の改正

出所：厚生労働省（2016）「社会福祉法人制度改革の施行に向けた全国担当者説明会資料」。

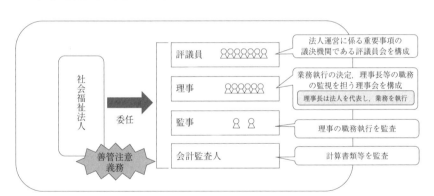

図 5-5　理事，監事，会計監査人，評議員と法人との関係

出所：厚生労働省（2016）「社会福祉法人制度改革の施行に向けた全国担当者説明会資料」。

られる義務と責任を果たすための適格要件として，同法第44条第 4 項に，次の要件を満たす者が含まれなければならないとされた。その要件とは，①社会福祉事業の経営に関する識見を有する者，②当該社会福祉法人が行う事業の区域における福祉に関する実情に通じている者，③当該社会福祉法人が施設を設置している場合にあっては，当該施設の管理者で，施設の管理者は施設経営の実

態を法人運営に反映させるため，1人以上の施設の管理者が理事として参加することを求めている。

　さらに，理事には，社会福祉法人に著しい損害を及ぼすおそれのある事実があることを発見したときは，当該の事実を監事に報告する義務などが新たに課せられ，特別背任罪，贈収賄罪等の罰則も定められた（同法第130条の2第1項，同第130条の3）。

　1951（昭和26）年に社会福祉事業法が制定され，民間の社会福祉事業の主体として社会福祉法人が創設されたが，経営実態が積極的に公開されず，経営組織のガバナンスや財務規律が十分に確立されていなかった。経営組織のガバナンスの強化によって，社会福祉法人には非営利性・公益性にふさわしい経営組織の構築，組織・事業の透明性向上，地域における公益的な取り組み，質の高い人材の確保・育成にいっそう積極的に取り組むことが求められている。

3　組織が機能していくための構造

（1）組織運営の5原則

　組織が有機的に機能していくためには，組織構造における原理・原則を理解し，それぞれの組織の特性に合った調整が求められる。チャンドラー（A. D. Chandler）が「組織は戦略に従う」というように，組織は目的達成に向け戦略が策定されなければならない。そのために，前項で述べたガバナンスの強化とあわせて，どのような組織構造を構築していくのかは重要である。

　組織構造には，以下の5つの原則があるとされている。[4]

　①　責任・権限一致の原則

　職務において，義務，責任，権限は等しい関係にあり，職務には必然的に義務と責任があり，義務と責任を全うするために権限が与えられるべきであるという原則である。権限を与えることで，権限の範囲内で創意工夫を行う機会となるため，責任と権限のバランスは重要であると考えられている。

　②　命令一元化の原則

　複数の上司から異なる命令が生じると，現場には当然ながら混乱が生じ，業

務効率が大きく低下するばかりか，トラブルの要因となりかねない。そのため職務においてメンバーは，常に一人の上司から命令を受けるよう，指揮命令系統を一元化すべきという原則である。

③　統制範囲の原則（スパン・オブ・コントロール）

一人の管理者が直接的に管理できる部下の人数には限界があり，これを超えると管理効率が低下するという原則である。管理者一人あたりが統制できる人数は，一般的には5～10人程度，特定のライン業務であれば20～30人程度までといわれている。

④　専門化の原則（分業化）

組織では，機能ごとに業務を分業し，専門性を高めることで生産性の向上を図るという原則である。業務を専門化することでスキルの習熟度向上が容易となり，ミス・トラブルが減少するばかりでなく，効率化に向けた創意工夫が生まれ責任感が高まると考えられている。

⑤　例外の原則

定型化された業務の処理は部下に委譲し，上司は非定型業務（戦略的意思決定および非定型業務の意思決定）に専念すべきという原則である。

（2）組織形態

組織形態とは，組織が目的達成を遂行するために編成する部門・部署の構造体である。組織形態は戦略により異なり，「機能別組織（職能別組織）」「事業部制組織」「カンパニー制組織」「マトリクス組織」「プロジェクト組織」などがある。それぞれの組織の大きさや，部署の数，サービス内容によって異なってくる。組織の力を発揮するためにどのような組織形態をデザインするのかは経営戦略において欠かすことはできない。

ここでは，組織形態の違いと長所・短所を学んでいく。

①　直系式組織（ライン組織）

軍隊の指揮命令系統に似ているため軍隊的組織とも呼ばれることがある。上位者と下位者が直接的な関係で結ばれ，下位者はその上位者に対してのみ直接的な責任をもつ。業務が拡大するのに伴い担当を分化するため，ピラミッド型

図5-6　ライン組織

出所：福祉臨床シリーズ編集委員会編（2019）『福祉サービスの組織と経営（第3版）』弘文堂。

表5-3　ライン組織の特徴

原　則	命令一元性の原則，統制範囲の原則。
長　所	命令系統が明確であり，規律・秩序が守られる。 責任権限が明確である。
短　所	他部門との連携がとりにくい。 組織が大きくなれば上位者の負荷が多くなる。 階層が多くなれば意思決定に時間がかかる。

出所：筆者作成。

の組織になる（図5-6，表5-3）。

② 職能別組織（ファンクショナル組織）

　経営層を上位に，事務部門，看護部門，介護部門，訓練部門，給食部門など，業務内容を職能別に編成する。中小企業に多く採用されている組織構造であり，

図5-7　職能別組織の例

出所：福祉臨床シリーズ編集委員会編（2019）『福祉サービスの組織と経営（第3版）』弘文堂。

表5-4　職能別組織の特徴

原　則	専門化の原則。
長　所	専門集団ごとの部門に分かれるため生産性が高い（分業の原則）。 部門ごとの専門職の育成がしやすい。
短　所	部門間調整のために，意思決定が遅延する傾向がある。 トップへ権力が集中し，依存的になりやすい。 縦割り組織となり，組織の最適化よりも部門最適化になりやすい。

出所：筆者作成。

部門ごとに業務を分担し，専門性を高めることで生産性の向上を図る（図5-7，表5-4）。

③　事業部制組織

地域別などに分かれて，利益責任と業務遂行に必要な職能をもつ自己完結的な複数の組織単位によって構成される。各事業部が独立しているため，サービス提供に必要な機能を備え，それぞれの組織で対応ができる（図5-8，表5-5）。

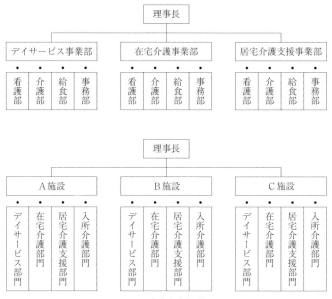

図5-8　事業部制組織の例

出所：福祉臨床シリーズ編集委員会編（2019）『福祉サービスの組織と経営（第3版）』弘文堂。

表5-5　事業部制組織の特徴

原　則	権限・責任一致の原則，統制範囲の原則。
長　所	分権化により意思決定が迅速化し柔軟な対応や革新ができる。 成果が明確になり，モチベーションの向上が図れる。 経営者育成ができる。
短　所	業務重複によってコストが高くなる。 部門利益の部分極大化を追求して組織全体の最適化ができない傾向がある。

出所：筆者作成。

④　マトリクス組織

　複数の部門に所属することで，複数の目的を同時に追求することができる。構成員が，自己の専門とする職能部門と特定の事業を遂行するために複数の部門に所属する組織である（図5-9，表5-6）。

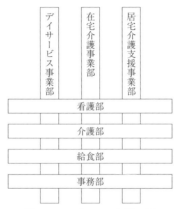

図5-9　マトリクス組織の例

出所：福祉臨床シリーズ編集委員会編
　　　（2019）『福祉サービスの組織と経営
　　　（第3版）』弘文堂。

表5-6　マトリクス組織の特徴

原　則	命令統一の原則の否定。
長　所	複数の目的を達成するのに適している。 状況変化に柔軟に対応することができる。 部門間の調整がしやすい。
短　所	命令系統があいまいになる傾向がある。

出所：筆者作成。

⑤　プロジェクトチーム

　プロジェクトごとに専門スキルを有した人材を各部署から招集し，プロジェクトチームを結成する。プロジェクトが完了するとチームは解散し，各メンバーは元の所属部署に戻るか，また別のプロジェクトに参画していく。プロジェクト期間はプロジェクトリーダーの指揮のもとで行動する（表5-7）。

表5-7　プロジェクトチームの特徴

長　所	成果が得られやすい。
短　所	短期間とはいえ所属部門を離れるので，所属部門の戦力低下が懸念される。

出所：筆者作成。

（3）新たな時代における福祉経営の確立

　2016（平成28）年社会福祉法の一部改正によって，社会福祉法人のガバナンスの強化が図られた。事業運営の透明性の向上等の制度の見直しが行われ，地域社会に貢献する法人の在り方がさらに求められることとなった。

　今後も多様化する社会福祉へのニーズに対応するために，社会福祉を経営する組織はそれぞれの独自性を発揮しながらも，時代に合わせて変革していくことが求められる。社会福祉法人の意義は，社会福祉事業に係る福祉サービスの供給確保の中心的役割を果たし，他の事業主体では対応できないさまざまな福祉ニーズを充足することにより，地域社会に貢献することにある。[5]

　そのためには，福祉経営の確立と人材の育成を図り，地域における良質かつ適切な福祉の提供主体として，社会福祉法人が事業展開していくことが期待されている。

注
(1)　飯野春樹（1992）『バーナード組織論研究』文眞堂。
(2)　津田耕一（2014）『福祉現場 OJT ハンドブック――職員の意欲を引き出し高める人材養成』ミネルヴァ書房，9頁。
(3)　厚生労働省（2016）「社会福祉法人制度改革の施行に向けた全国担当者説明会資料」。
(4)　福祉臨床シリーズ編集委員会編（2019）『福祉サービスの組織と経営（第3版）』弘文堂，69頁。
(5)　厚生労働省（2019）「社会福祉法人の事業展開等に関する検討会報告書」。

キーワード一覧表

- [ ] **組織構成の3要素** バーナードは，目的達成に向けて個々人の諸活動や諸力を結びつける組織構成には，①共通目的（組織目的），②協働意思（貢献意欲），③意思疎通（伝達）の3つの要素が必要であるとしている。 72
- [ ] **基本理念** 組織は固有の目的を有しているが，その目的は法人が掲げる基本理念に該当する。組織が最も大切にする考えで，組織の根幹をなすものであり，法人の特色を表したものである 73
- [ ] **社会福祉法人の経営に関する検討報告書（2000年）** 社会福祉法の施行によって，社会福祉法人は「運営」から「経営」への転換が求められた。社会福祉法人の経営に関して必要となる方向性が，①経営組織，②事業管理，③財務管理，④人事管理の4項目から示されている。 75
- [ ] **社会福祉法人制度改革** 2016（平成28）年に社会福祉法の一部改正によって，社会福祉法人の経営を担う理事（会），評議委員（会），監事および会計監査人の在り方について抜本的な見直しを図り，経営組織のガバナンスの強化，事業運営の透明性の向上等が進められた。 77
- [ ] **組織構造の5原則** ①責任・権限一致の原則，②命令一元化の原則，③統制範囲の原則，④専門化の原則，⑤例外の原則。 80
- [ ] **組織形態** 組織が目的達成を遂行するために編成する部門・部署の構造体。組織形態は戦略により異なり，「機能別組織（職能別組織）」「事業部制組織」「カンパニー制組織」「マトリクス組織」「プロジェクト組織」などがある。 81

一問一答 ⇒〇か×か，答えてみよう。解答は212頁を参照。

Q1 2000（平成12）年の社会福祉基礎構造改革の際に，社会福祉法人の抜本的な改革が進められ，経営組織のガバナンスの強化，事業運営の透明性の向上等が進められた。 （ ）

Q2 福祉事業において経営戦略は，経営理念とは切り離して検討するものである。 （ ）

Q3 経営戦略を立てる際には，内部組織の強みや弱みを検討する必要はない。 （ ）

第6章

福祉サービスの組織に関する基礎理論

　2000（平成12）年に介護保険制度が施行され，市場経済におけるさまざまな
サービス同様，社会福祉分野において，サービスという用語が浸透した。介護
保険においては，措置ではなく，利用者の自己決定を尊重し，利用者本位を基
本に，利用者とサービス事業者との対等な関係に基づき，利用者がサービスを
選択し，契約するサービス利用となった。利用者から選ばれるためには，単な
る運営にとどまらず，経営やマネジメントの感覚がサービス事業者に求められ
る。そのため，各サービス事業者は，定期的に福祉サービス内容を見直し，将
来を見据えた目標を達成できるよう，本章で学ぶような組織に関するさまざま
な理論や知識を習得し実践する必要がある。

1　組織に関する基礎理論

（1）組織における福祉サービスの提供の原則

　福祉サービスの提供の原則について，社会福祉法第5条によると，「社会福
祉を目的とする事業を経営する者は，その提供する多様な福祉サービスについ
て，利用者の意向を十分に尊重し，地域福祉の推進に係る取組を行う他の地域
住民等との連携を図り，かつ，保健医療サービスその他の関連するサービスと
の有機的な連携を図るよう創意工夫を行いつつ，これを総合的に提供すること
ができるようにその事業の実施に努めなければならない」とされる。福祉サー
ビスを提供する社会福祉法人等の組織においては，それらの原則を念頭に，自
組織内のさまざまな職種の連携体制を構築したうえで，保健医療サービスを提

供する他の組織との連携，地域住民との連携を深めていく取り組みが必要となる。

　福祉サービスの利用者のニーズは複雑かつ多様化しており，ソーシャルワーカーのみで，利用者ニーズを充足するには限界が生じる。そのため，組織を構成する職員が，それぞれの専門性や経験に基づき，力を発揮できるような支援，各職員の力を組み合わせ，各職員の協力関係を最大化していくチームアプローチを実践できるよう，組織としてのマネジメント力が問われている。

（2）組織とは

　第5章で述べたように，バーナード（C. I. Barnard）によると，「組織についての最も普通の概念は，その活動の多少とも調整された人々の集団」である[1]。また，公式組織とは，「2人以上の意識的に調整された活動や諸力の体系」[2]と定義している。

　組織の要素には，努力を貢献しようとする協働意欲，協働の目標である目的，人々の間の言葉による伝達（コミュニケーション）がある。これらの要素は組織成立にあたって必要にして十分な条件であり，すべての組織にみられ，組織の理論をつきつめていけば，伝達が中心的地位を占める[3]。

　福祉サービスを提供する社会福祉法人等の組織においては，2人以上の職員を意識的に調整するために，各職員の仕事を行ううえでの意欲を把握し，組織としての目的を定め，職員間で伝達していき，目的達成を目指すことになる。

　しかし，社会福祉法人等の組織においては，新卒者，社会福祉士等の資格保持者，異業種からの転職者，外国人労働者等，さまざまな背景の職員が所属しており，個々によって仕事上の意欲にはさまざまな差異がある。そのため，組織として目的を定め，単に伝達するだけで，組織全体がよりよく相互作用していくほど組織の経営やマネジメントは単純ではない。さらに，福祉分野においては人材不足が深刻化している状況下，組織の目的達成，そして組織の存続に向けては，闇雲にさまざまな取り組みを行うのではなく，根拠に基づいた職員に対する集団やリーダーシップ等に関する基礎理論を駆使し，より効果的な取り組みを組織として取り入れ，組織全体をマネジメントしていくことが求めら

れる。

（3）組織の基本構造と形態

　福祉サービスを提供する組織は，目標達成に向けて，組織構造を意識してお
く必要がある。ドラッカー（P. F. Drucker）は，組織構造について，階層では
なく，情報とコミュニケーションを中心に組み立て，組織内の全員が情報に関
わる責任を果たす必要性を指摘している。そのため，まず，自分が仕事をする
ためには情報を，誰から，いつ，いかにして手に入れなければならないか，他
の人が仕事をするためには情報を，自分から，いつ，いかに渡すかを考える必
要があり，情報に関して組織内のあらゆる者が責任を負わなければならないと
している。そして，情報化組織においては，あらゆる人が上司と同僚に対し，
情報を与え，教育する責任を負い，全員が自らを理解してもらう責任を負い，
上，下，横の人たちに理解されるようにしなければならず，これが相互信頼の
ための唯一の道であり，組織は信頼を必要としている。

　具体的な組織の設計を考えるうえで，組織における基本的な構造がある。組
織の基本構造はライン組織，ファンクショナル組織，ライン・アンド・スタッ
フ組織の３つの形態に整理することが可能である。ライン組織においては，経
営トップから最下層まで，命令系統が直線的につながり，下位者は常に上位者
から命令を受ける。ファンクショナル組織（職能的組織）は，管理者が各専門
機能を分担し，担当者は各専門分野の管理者から指示・命令を受ける組織形態
を意味する。ライン・アンド・スタッフ組織においては，ライン組織の長所と
ファンクショナル組織の長所を生かそうと，専門分野に対してスタッフ部門を
配置しライン部門に助言を行い，ライン部門はスタッフ部門からの助力を受け，
問題に対処することになる。各組織形態においては，表 6 - 1 の通り，いずれ
の形態においてもメリットとデメリットの両面が存在する。

　以上のさまざまな組織形態のメリットやデメリットを参考とし，社会福祉法
人等の経営者や管理職が独善的にならず，各職員に任せきりにならないよう，
組織全体の構造，組織を構成する人を念頭に置いたうえで，社会福祉分野に合
致した組織形態を整備していくことが重要になる。

表6-1　各組織形態におけるメリットおよびデメリット

組織形態	メリット	デメリット
ライン組織	経営トップの意思が末端まで浸透：組織全員の統一的行動を導きやすく責任も明確化	・部下から上司というボトムアップの流れ ・同位階層間における横のコミュニケーションが困難 ・権限委譲が困難で組織が大きくなると上位者にとって過度の負担に
ファンクショナル（職能的）組織	管理者は専門領域の業務に特化：専門的知識を深め，スペシャリスト養成が容易に	・総合的に判断できる管理者の養成が困難 ・管理者相互の適切な機能分担が困難：権限争いが発生
ライン・アンド・スタッフ組織	命令の統一性を保ちつつ専門性も活用可能	・スタッフ部門が権限逸脱により，ライン部門との命令が交錯し，命令系統が不明確に

出所：廣江研編（2012）『組織構築・運営——良質の介護福祉サービス提供を目指して』日本医療企画，5〜7頁をもとに筆者作成。

2　集団力学に関する基礎理論

（1）集団の定義と構造

　ロビンス（S. P. Robbins）[6]によると，集団（グループ）とは，「特定の目的を達成するために集まった，互いに影響を与え合い依存し合う複数の人々」を意味する。集団においては，メンバー（人々）の行動を規定する役割，規範，地位，凝集性，規模，構成の構造がある。[7]

　まず役割において，人は，数多くの役割を果たし，周囲の刺激から学び，状況や必要により大幅な変化が求められるとすばやく役割を切り替える能力をもち，ある役割の要求を満たすことが別の役割と相容れないとき，役割葛藤を経験することになる。

　次に，規範において，集団にはそのメンバーが共有する容認された行動基準があり，集団は独自の規範を確立し，集団はメンバーにプレッシャーを与えることにより，メンバーの行動を集団の基準に適合させようとする。規範が労働者の行動に及ぼす影響の重要性が見出されたのは，シカゴのホーソン工場で実施された照明等の物理的環境と生産性の関係等を調べた研究である。労働者の

行動と感情は密接に関連していること，集団は個人の行動に顕著な影響を与えること，集団の基準は個々の労働者の生産性を決定するうえで大きな影響力をもつこと，労働者の生産性を決定する要因は金銭よりも集団基準や感情，安心感であることが明らかにされた。

　また，集団の影響力（同調）に関するアッシュ（S. E. Asch）の研究においては，同調を強要する集団規範があり，私たちは集団の一員であることを望み，異なって見られることを避け，客観的データに関する意見が集団内の他の人々と著しく異なるとき，その人物は，自分の意見を他の人の意見に合わせなければならないという強いプレッシャーを感じ，集団規範に同調しがちであるとされる。

　凝集性は，メンバーが互いに引きつけられ，その集団にとどまるよう動機づけられる程度を意味し，その程度は集団により異なり，集団の生産性に関与している。凝集性と生産性の関係において，集団凝集性が高いほど，メンバーは集団目標に向かって努力し，業績関連の規範が高い場合，凝集性の高い集団は凝集性の低い集団より生産的であるとされる。

　このように，集団が形成されることにより，集団での行動や力の及び方が異なる**集団の力学**（グループ・ダイナミクス）が存在し，集団により人が変わり，人により集団を変化させる力が生じるという集団の特徴がある。

　地位（ステータス）とは，第三者によってある集団や集団のメンバーに与えられた社会的な立場や格づけを指し，あらゆる社会に存在し，人の行動を理解するうえで重要な要因となる。

　規模において，集団の規模はその集団の全体的な行動に影響を与える。たとえば，小さな集団は大きな集団よりも迅速にタスク（課題）を完了できるが，問題解決に取り組んでいる場合には，常に大規模な集団の方が小規模な集団より好結果を出すとされる。

　構成においては，集団の活動の多くはさまざまなスキルや知識を必要とし，互いに異質の個人から構成される集団の方が均一集団よりも多様な能力や情報をもつ場合が多く，効果的とされる。

　以上のうち，特に構成については，福祉サービスを提供する社会福祉法人等

の集団は均一集団ではなく，それぞれがさまざまな専門性をもった職員の集団であるため，集団活動を効果的に行いやすい環境にあると考えられる。福祉サービスを提供する組織においては，集団とは何かを考え，集団の各構造を意識した組織としてのマネジメント体制の整備を推進していくことが求められる。

（2）集団の意思決定とコンフリクト

　ロビンスによると，個人による意思決定において，個人であるがゆえに，会議を開き時間をかけ議論する必要性は生じず，スピーディであり，責任の明確さ，一貫した価値観を維持する傾向がメリットとしてある。一方，集団による意思決定においては，より完全な情報と知識を生み出し，何人かの個人の資源を集結することにより，集団はより多くの情報や知識を決定プロセスに投入でき，決定プロセスに異質性をもたらし，より多くの手法や選択肢の検討が可能となり，より質の高い決定を生み出し，解決策がより多くの人に受け入れられるメリットがある。つまり，意思決定においては，集団は個人より多くの選択肢を生み，より創造的かつ正確であり，より質の高い決定を下すが，効率の点では，個人が集団に優ることを意味する。

　集団による意思決定において，2つの副産物が生じる。1つ目のグループシンク（集団浅慮）は，集団のメンバーたちが意見の統一に熱心になるあまり，コンセンサス（合意）をつくらねばならないという圧力が生じ，さまざまな行動の選択肢の現実的評価や突飛な意見や少数派の意見，不人気な意見の十分な表出が妨げられる現象であり，個人の知的効率性，現実検証，道徳的判断が集団の圧力によって衰えてしまうことを意味する。

　次に，グループシフト（集団傾向）は，集団による決定と集団のメンバー個人の決定を比較すると，集団による決定の方が個人の決定よりも慎重になる場合があり，リスクが大きくなる傾向も強いことを意味する。より大きなリスクを冒せるのは，その決定が失敗に終わったとしても，一人のメンバーが全面的責任を負わされることはあり得ないためとされる。これらを踏まえ，集団による意思決定の最良の技法の一つとして，対話集団において創造的な選択肢の考案を妨げている同調への圧力を克服する方法としてブレーンストーミングが提

図 6 - 1　集団におけるコンフリクト

出所：筆者作成。

案されている。

　一方で，人が集まり集団で活動することにより，さまざまなトラブルも発生
する。互いが相反する意見や態度，要求を譲らないことにより，緊張状態が生
じることをコンフリクト（図6-1）という。コンフリクトは，コミュニケー
ション不足や人間関係の悪化など，組織内での機能不全から起きるものと否定
的に考えられていたが，メンバーの動機づけや集団が活性化する契機ともなり，
組織においてはどのようなことでコンフリクトが生じ，コンフリクトによりど
のような影響があるかを見極めていくマネジメントが重要である。

（3）集団とモチベーション

　組織は，人によって作られ動かされる。人はそれぞれ個人的特性，いろいろ
な欲求があり，人はモチベーションをもって参加しているため，マネジメント
は人に対して行わなければならない。そして，組織におけるマネジメントの対
象となる人に対する研究は，モチベーションから出発したとされる。モチベー
ション（動機づけ）に関しては，さまざまな理論がある。

　まず，マズロー（A. H. Maslow）の人間の動機づけに関する理論として，**欲
求階層説**（図6-2）がある。

　動機づけ理論の基本的欲求として，まず食べ物の飢えなどによる生理的欲求
があり，他のあらゆる種類の欲求に対する水路としての役割を果たしている。

図6-2　マズローの欲求階層説
出所：マズロー，A. H.／小口忠彦訳（1987）『改訂新版　人間性の心
理学』産業能率短期大学出版部，56～80頁をもとに筆者作成。

　生理的欲求が満足されると，次に安全の欲求がある。安全の欲求は，安全，
安定，保護，恐怖・不安・混乱からの自由，構造・秩序・法・制限を求める欲
求，保護の強固さなどを意味する。

　生理的欲求と安全の欲求が満たされると，所属と愛の欲求が現れてくる。所
属と愛の欲求により，人々との愛情に満ちた関係に飢え，所属する手段や家族
においての位置を切望する。この目標達成のために一所懸命，努力することに
なる。

　さらに承認の欲求として，すべての人々が，安定したしっかりした根拠をも
つ自己に対する高い評価，自己尊敬，あるいは自尊心，他者からの承認などに
対する欲求・願望をもっている。

　以上の欲求がすべて満たされても，人は自分に適していることをしない限り，
すぐに新しい不満が生じ落ち着かなくなり，人は自分がなり得るものにならな
ければならず，自分自身の本性に忠実でなければならない。このような欲求を
自己実現の欲求という。この欲求が実際にとる形は，人により大きく異なる。
自己実現の欲求は，通常，生理的欲求，安全の欲求，所属と愛の欲求，承認の
欲求が先立って満足された場合に，それを基礎にして出現する。それらの基本
的欲求階層は，ヒエラルキーを固定した順序として述べられているが，しかし，

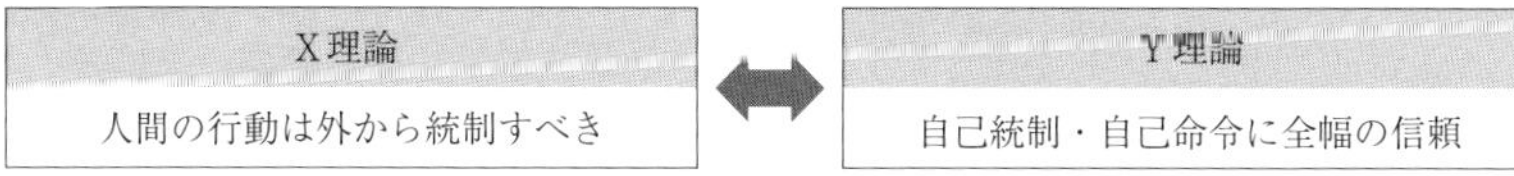

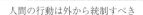

X理論		Y理論
人間の行動は外から統制すべき		自己統制・自己命令に全幅の信頼

図6-3　人に対するX理論とY理論の対比構造

出所：マグレガー，D./高橋達男訳（1967）『リーダーシップ』産業能率短期大学出版部，5～20頁
をもとに筆者作成。

それらの順序は不動ではない。この理論は，利用者の欲求理解の際だけでなく，利用者を支援する職員の欲求理解のうえでもさまざまな示唆が得られる。

　次に，マグレガー（D. McGregor）による**XY理論**がある[13]。X理論は，①経営者の仕事は事業に必要な要素である資金，原材料，設備，従業員などを利潤追求に役立つよう組織すること，②従業員について，企業の要求に適うように彼らの仕事を監督し，彼らにやる気を起こさせ，彼らの行動を統制し，彼らの動きを規制していくこと，③経営者が積極的に介入しないと，従業員は企業の要求に対してはどうしても消極的どころか反抗的にさえなるものであり，従業員にはよく言って聞かせ，ほうびを与えたり，罰したり，統制し，従業員のやることは監督してやらなければならないことの3つから構成される。

　一方，Y理論は，①経営者の仕事は事業に必要な要素である資金，原材料，設備，従業員などを利潤追求にかなうように構成すること，②従業員は企業の要求に対して，もともと，消極的だったり，反抗的だったりするのではなく，彼らは企業の体験からそうなったこと，③やる気を起こす原動力，成長能力，責任をとる能力，企業目標に向かって努力する用意をみな従業員が持ち合わせ，経営者が持ち込むものではなく，従業員が自らの力でこれら人間の特質に気づくようにしむけ，それを自らの力で伸ばしていくようにするのが，経営者の責任であること，④経営者に不可欠の任務は，従業員が自ら企業の繁栄のために努力することにより，各自の目標を最高に成し遂げられるように，企業内の条件や運営方法を整備すること，の4つから構成される。つまり，XY理論においては，X理論とY理論という図6-3のような人に対する異なる理論を対比させている。

　福祉サービスを提供する社会福祉法人等の組織においては，どちらの理論を選択するかによって，マネジメントの仕方が大きく変わるため，組織を構成す

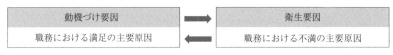

図6-4　組織における動機づけ・衛生理論の各要因の対比

出所：ハーズバーグ，F.／北野利信訳（1978）『能率と人間性』東洋経済新報社，85～88頁をもと
　　　に筆者作成。

①	達成欲求	何を行うにしても成功したい，うまくやりたい
②	権力欲求	他の人に影響を与え，高い地位に立ちたい，他の人をコントロールしたい
③	親和欲求	他の人と競争するよりも，他の人と協力し，理解しあいたい

図6-5　マクレランドの指摘する3つの欲求

出所：生方正也（2010）『図解で学ぶビジネス理論　人と組織編』日本能率協会マネジメントセンター，
　　　36～37頁をもとに筆者作成。

る職員のさまざまな状況を詳細に把握したうえで，これらの理論を参考にする
必要がある。

　また，ハーズバーグ（F. Herzberg）による**動機づけ・衛生理論**[14]は，職務満足
そして動機づけを生み出すのに関連している諸要因は，職務不満を生み出す諸
要因から分離した別個のものであり，職務満足の反対は職務不満ではないとし
ている。動機づけ要因としては，達成・承認・仕事そのもの・責任・昇進・成
長があり，衛生要因としては，会社の政策と経営・監督・監督者との関係・作
業条件・給与・同僚との関係・個人生活・部下との関係・身分・保証があり，
両者は図6-4のような対比の要因となっている。

　なぜ衛生要因から職務不満が起きるのかについては，環境からの苦痛を回避
しようとする目的をもっているからであり，なぜ動機づけ要因は人にとって職
務を満足にするのかについては，一人の人間として人間的才能を心理的成長の
ために使用しようとする目的をもっているからであるとされる。

　最後に，マクレランド（D. C. McClelland）は，人が何かの業務をする際，図
6-5のように，①達成欲求，②権力欲求，③親和欲求の3つの欲求があるこ
とを指摘した[15]。達成欲求が高い人の場合，中重度のリスクを与えられた場合に
は力を発揮するが，難易度の高い業務を与えてしまうと，その業務への取り組
みに消極的になるとされる。

　福祉サービスを提供する社会福祉法人等では，各職員の達成欲求と仕事内容の配分レベルの関連性を意識した，組織としてのマネジメントが重要となる。

3　リーダーシップに関する基礎理論

（1）リーダーシップに関する行動理論

　ロビンスによれば，リーダーシップとは，「集団に目標達成を促すような影響を与える能力[16]」を意味する。組織を構成する人々を効果的に導いていくために，さまざまな理論がこれまで展開されてきた。代表的な理論を以下に示す。

　三隅によると，リーダーシップの行動の類型化として，集団維持を2つの次元に大別する図6-6のようなPM理論を提唱した[17]。P（Performance）機能（集団における目標達成ないし課題解決へ志向した機能）とM（Maintenance）機能（集団の自己保存ないし維持機能）は同一次元ではなく，相違なる次元であり，具体的なリーダーシップ行動には，いずれの場合も両次元が含まれるとしている。

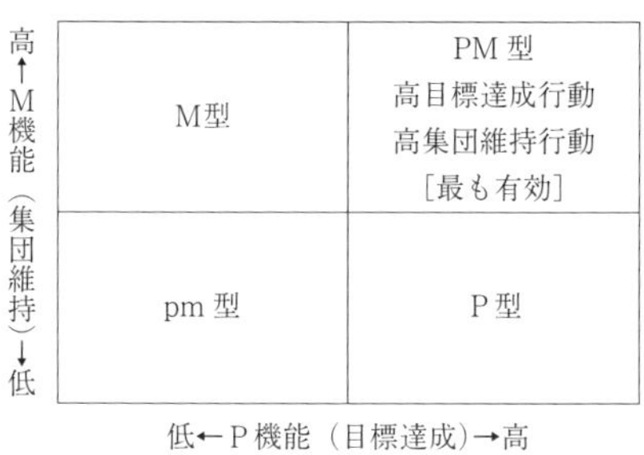

図6-6　PM 理論におけるリーダーシップの行動の4類型

出所：三隅二不二（1984）『リーダーシップ行動の科学　改訂版』有斐閣，101～115頁をもとに筆者作成。

表6-2　アイオワ研究に関する3つのリーダーシップ・スタイルの特性

民主的リーダーシップ	フォロワーの考えや期待を考え，集団を方向づけるスタイル
専制的リーダーシップ	リーダーがフォロワーの意図や関心には関係なくすべての事柄を決め，フォロワーはそれに従うスタイル
放任的リーダーシップ	リーダーシップの放棄状態で，集団行動にリーダーが関与せず，リーダーシップが生起しないスタイル

出所：柴田悟一編（2009）『組織マネジメントの基礎』東京経済情報出版，40頁をもとに筆者作成。

表6-3　ミシガン研究におけるリーダーシップと業績との関連

高業績集団の リーダー	従業員志向／従業員中心型の行動	フォロワーに関心を向け，職務に関して大まかな指示を出し，失敗が生じても学習の機会として活かせるようにフォローする行動
低業績集団の リーダー	生産（職務）志向／仕事中心型の行動	集団の効率性を重視し，職務に関して細かな指示を出し，失敗に対して厳しい態度をとる行動

出所：柴田悟一編（2009）『組織マネジメントの基礎』東京経済情報出版，41頁を参考に筆者作成。

図6-7　オハイオ研究におけるリーダー行動の2つの軸
出所：渡辺峻（2007）『「組織と個人」のマネジメント』中央経済社，234頁を参考に筆者作成。

アイオワ研究では，レヴィン（K. Lewin）らによるグループ・ダイナミクスの研究として，リーダーシップ・スタイルを表6-2のように，①民主的リーダーシップ，②専制的リーダーシップ，③放任的リーダーシップの3つに分類し，対比した。[18]

民主的リーダーシップでは，集団凝集性，メンバーの積極性や満足度，集団の作業成果において他のリーダーシップ・スタイルよりも優位であり，専制的リーダーシップでは短期的には民主的リーダーシップよりも成果が上がるが，長期的には疲弊し，メンバーの満足度が低下するとされる。また，放任的リーダーシップでは，他のスタイルと比べて，質・量ともに最低の評価であった。

ミシガン研究では，リーダーシップ研究における業績との関連性を重視し，高業績集団と低業績集団間のリーダー行動やフォロワーの様子を比較している。[19]

高業績集団のリーダーと低業績集団のリーダーにおいては，業績によって表
6-3のような行動が認められている。

　オハイオ研究では，フィールド調査により，リーダー行動を測定できる尺度
が開発され，リーダー行動を，図6-7のように2つの軸に分類した。[20]

　具体的には，1つ目にフォロワーの職務内容にリーダーが積極的に関心を示
し，組織目標の達成や課題遂行のための計画や業務遂行基準を策定し，自分と
フォロワーの仕事の割当と責任，フォロワー同士の仕事の調整などの職務の権
限の枠組みなどを明確に規定する仕事中心のリーダー行動を意味する"構造づ
くり"を解明した。2つ目は，集団の凝集性を高めるべく，フォロワーに人間
的関心をもって接し相互の信頼関係や意思疎通の増進に努め，フォロワーの意
識決定や参加機会の増加などを通してフォロワーの個人的欲求の充足を図り，
良好な人間関係の構築を目指す"配慮"の存在を明らかにした。それらは，2
つの独立した次元で直接関係はなく，相互に影響を及ぼし合うものではないと
している。そのうえで，実証研究の結果，高構造づくり・高配慮が最も組織効
率が高く，次いで低構造づくり・高配慮が有効であることがわかっている。

（2）リーダーシップに関する状況適応理論

　組織におけるリーダーシップの状況適応に関する理論において，コンティン
ジェンシー・セオリー（状況適応理論）という用語を用いたのはフィードラー
（F. E. Fiedler）とされる。[21]コンティンジェンシー・セオリーにおいて，リー
ダーシップの仕事志向スタイルと人間関係志向スタイルのどちらが生産性に貢
献するかは，リーダーを取り巻く環境状況の違いにより異なる。リーダーを取
り巻く環境状況はさまざまであるが，なかでもリーダーとメンバーとの人間関
係，仕事の構造化の程度，リーダーの地位力の3つの要因を重要と捉え，それ
らの組み合わせで環境状況を類別化している。

　次に，リーダーシップの状況適応理論に関して，ハーシー（P. Hersey）とブ
ランチャード（K. H. Blanchard）による **SL**（Situational Leadership）理論がある。[22]
リーダー有効性モデルから展開し，仕事志向的行動・対人関係志向的行動と成
熟度との曲線的関係を前提として考えられ，効果的リーダーシップ・スタイル

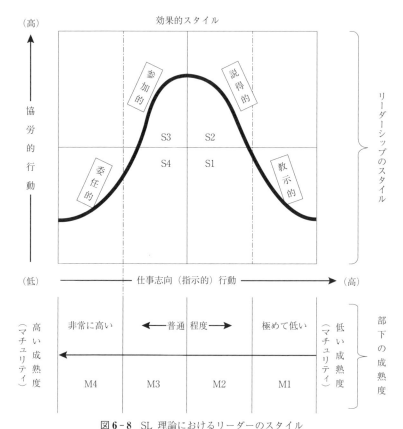

図6-8　SL 理論におけるリーダーのスタイル

出所：ハーシー，P.・ブランチャード，K. H.／山本成二ほか訳（1978）『行動科学の展開——人的資源の活用』日本生産性本部，336頁より筆者作成。

を部下（フォロワー）の成熟度（本人の基本的な姿勢（成就意欲）・責任負担の意思と能力・対象となる相手または集団がもつ教育・経験の程度）との関連で，有効・無効を考えようとしている。この理論では，特に部下との関係でのリーダー行動に力点を置いて考えられている。状況に呼応するリーダーシップとして，縦軸を仕事志向行動，横軸を対人関係的行動とし，4象限に分け，部下の状況に呼応する効果的なスタイルの使い分けを示している（図6-8）。

　具体的には，リーダーシップの4つの基本スタイルとして，①教示的リー

ダーシップ（部下の役割を明確にし，何をどのように，いつ，どこでなど，いろいろな作業の仕方を一方向的に教えるという特徴），②説得的リーダーシップ（情報交換・社会連帯的支援を通して，部下がリーダーの指示を心理的抵抗なしに受け入れられるような努力がはらわれるという特徴），③参加的リーダーシップ（対象となる部下の側に，仕事の遂行に必要な知識と技能が備わっているので，相互の情報交換とリーダーの促進奨励的行動を通した，双方の意思決定への参画があるという特徴），④委任的リーダーシップ（部下が課題関連成熟度においても心理的成熟度においても高いため，責任権限を大きく委譲し監督の在り方もおおまかで，部下に思い通りにやらせるという特徴）を示し，部下の状況に合わせてリーダーシップ・スタイルを使い分ける重要性を指摘している。

（3）福祉サービスの提供における効果的なマネジメントを目指して

　その他にも，サーバントリーダーシップなど比較的新しいリーダーシップ理論も展開されている。サーバントリーダーシップの重要性を指摘するグリーンリーフ（R. K. Greenleaf）は，サーバントリーダーについて「まず奉仕したい，奉仕することが第一だという自然な感情から始まる。それから，意識的な選択が働き，導きたいと思うようになるのだ。そうした人物は，そもそもリーダーである人，並々ならぬ権力への執着があり，物欲を満足させる必要がある人とはまったく異なっている」としている[23]。今後も，新たな切り口による組織に関するさまざまな理論が展開されていくことが予測される。そのため，福祉サービスを提供する組織においては，社会福祉学だけでなく，経営学や心理学などにもアンテナを張り，さまざまな学問領域から組織に関する理論を参考に，社会福祉分野に合った効果的なマネジメントを模索していく必要がある。

　テイラー（F. W. Taylor）[24]は，マネジメントの原点とされる，科学的管理法を示し，マネジメントの目的は，雇用主に限りない繁栄をもたらし，あわせて，働き手に最大の豊かさを届けることであり，雇用主と働き手の利害は最終的に一致するとしている。さらに，科学的管理法は，一つの要素で成り立つのではなく，①経験則ではなく科学，②不協和音ではなく調和，③単独作業ではなく協力，④ほどほどでよしとするのではなく最大限の出来高，⑤一人ひとりの仕

事の効率アップと豊かさの追求が組み合わさったものとしている。

　福祉サービスを提供する社会福祉法人等においては，組織に関するさまざまな基礎理論を参考に，これまでの経験や感覚だけでなく，根拠に基づき，各組織の状況を的確に捉え，職場環境における管理体制等の整備を行う，組織としてのマネジメント力が問われている。それらの組織においては，さまざまな専門職によるチームワーク力を高められるよう，リーダーシップ力の強化を各役職者の自己研鑽に任せるのではなく，リーダーシップについて職員同士が学び合う教育や研修体制の強化を組織として行っていくことが重要であると考えられる。

注

(1)　バーナード，C. I.／山田安次郎ほか訳（1968）『新訳　経営者の役割』ダイヤモンド社，71頁。

(2)　(1)と同じ，74頁。

(3)　(1)と同じ，86～95頁。

(4)　ドラッカー，P. F.／上田惇生訳（2007）『非営利組織の経営』ダイヤモンド社，128～130頁。

(5)　廣江研編（2012）『組織構築・運営――良質の介護福祉サービス提供を目指して』日本医療企画，5～7頁。

(6)　ロビンス，S. P.／高木晴夫訳（2018）『新版　組織行動のマネジメント――入門から実践へ』ダイヤモンド社，171頁。

(7)　(6)と同じ，173～188頁。

(8)　S. E. Asch（1955）Opinions and Social Pressure, *SCIENTIFIC AMERICAN*, 193（5），pp. 31-35.

(9)　(6)と同じ，189～194頁。

(10)　生方正也（2010）『図解で学ぶビジネス理論　人と組織編』日本能率協会マネジメントセンター，76頁。

(11)　柴田悟一編（2009）『組織マネジメントの基礎』東京経済情報出版，11～12頁。

(12)　マズロー，A. H.／小口忠彦訳（1987）『改訂新版　人間性の心理学』産業能率短期大学出版部，56～80頁。

(13)　マグレガー，D.／高橋達男訳（1967）『リーダーシップ』産業能率短期大学出版部，5～20頁。

⑭　ハーズバーグ，F.／北野利信訳（1978）『能率と人間性』東洋経済新報社，
　　85～88頁。

⑮　⑩と同じ，36～37頁。

⑯　⑹と同じ，25頁。

⑰　三隅二不二（1984）『リーダーシップ行動の科学　改訂版』有斐閣，61頁，496頁。

⑱　⑪と同じ，40頁。

⑲　⑪と同じ，41頁。

⑳　⑪と同じ，45～46頁。

㉑　⑪と同じ，13頁。

㉒　ハーシー，P.・ブランチャード，K. H.／山本成二ほか訳（1978）『行動科学の展
　　開――人的資源の活用』日本生産性本部，218～233頁。

㉓　グリーンリーフ，R. K.／金井真弓訳（2008）『サーバントリーダーシップ』英治
　　出版，53頁。

㉔　テイラー，W.／有賀裕子訳（2009）『新訳科学的管理法――マネジメントの原
　　点』ダイヤモンド社，10～11頁，162～163頁。

キーワード一覧表

☐　**欲求階層説**　マズローによる欲求階層説は，下位から順に，生理的欲求，安全
　の欲求，所属と愛の欲求，承認の欲求，自己実現の欲求の基本的欲求階層か
　らなるとしている。
　　　　　　　　　　　　　　　　　　　　　　　　　　　　　　　　　　　93

☐　**XY 理論**　マグレガーによるＸＹ理論では，Ｘ理論は人間の行動は外から統制
　すべきものとするのに対し，Ｙ理論は自己統制・自己命令に全幅の信頼をお
　いている。
　　　　　　　　　　　　　　　　　　　　　　　　　　　　　　　　　　　95

☐　**動機づけ・衛生理論**　ハーズバーグによる動機づけ・衛生理論は，職務満足そ
　して動機づけを生み出すのに関連している諸要因は，職務不満を生み出す諸
　要因から分離した別個のものであり，職務満足の反対は職務不満ではないと
　している。
　　　　　　　　　　　　　　　　　　　　　　　　　　　　　　　　　　　96

一問一答　　　　　　　⇒○か×か，答えてみよう。解答は212，213頁を参照。

Q1　バーナードによると，公式組織とは，２人以上の意識的に調整された活動や
　諸力の体系と定義している。　　　　　　　　　　　　　　　　　（　　）

Q2　ロビンスによる SL 理論では，リーダーシップの４つの基本スタイルとして，
　①教示的リーダーシップ，②説得的リーダーシップ，③参加的リーダーシップ，

④委任的リーダーシップを示している。（　　）

Q3　ドラッカーは，リーダーシップの行動の類型化として，集団維持を2つの次元に大別するPM理論を提唱した。（　　）

Q4　集団傾向（グループシフト）は，集団のメンバーたちが意見の統一に熱心になるあまり，コンセンサス（合意）をつくらねばならないという圧力によって，さまざまな行動の選択肢の現実的評価や突飛な意見や少数派の意見，不人気な意見の十分な表出が妨げられる現象を意味する。（　　）

Q5　アイオワ研究では，レヴィンらによるグループ・ダイナミクスの研究として，リーダーシップ・スタイルを民主的，専制的，放任的リーダーシップの3つに分類している。（　　）

Q6　ファンクショナル組織（職能的組織）においては，経営トップから最下層まで，命令系統が直線的につながり，下位者は常に上位者から命令を受ける。

（　　）

第Ⅲ部

福祉サービスの管理に関する
基礎理論

第7章

福祉サービスの運営と経営管理に関する基礎理論

　サービス提供者中心による福祉サービスの提供から，利用者本位の支援へと考え方が転換されている。これによって，事業者は，利用者のニーズに沿った組織の経営管理，サービスの提供をマネジメントしていくことが求められるようになった。また，事業者においては，自己評価，第三者による外部評価とその情報公開の制度の取り組みが推進されている。一方，利用者は，これらの事業者が開示する情報をもとに，自らが望む福祉サービスを選択することができるようになり，福祉ニーズを充足していくことができるようになってきた。今後もこれらの仕組みを推進するために，社会福祉法人においては，将来を含めて事業を安定的に継続しサービスを提供するために中長期計画づくりも求められており，その使命や役割を利用者および家族，地域社会に発信していくことが求められている。

1　サービスマネジメントの考え方

（1）福祉サービスに求められるサービスマネジメント

　1990年代の社会福祉基礎構造改革やその後の社会福祉法の制定により，福祉サービスの提供者と利用者の関係性は大きく変化した。これまで事業者が主導となり福祉サービスを提供してきたものが，現在は，利用者の希望に基づいたサービスの提供に改められた。各制度はこれらの考え方が基盤となっており，福祉サービスの利用者およびその家族はよりよいサービスを利用したいという希望を抱いている。自らの福祉ニーズを満たし生きがいを得ながら生活をした

いという権利の意識が高まり，事業者にはそれらに応えるための組織の在り方や経営管埋が求められている。

　従前の社会福祉においては，社会福祉は慈善的や救貧的な捉え方が強く「サービス」として理解することに違和感が生じる見方があった。福祉サービスという言葉が法文上において使用されるようになったのは1990（平成2）年の社会福祉事業法（現，社会福祉法）が改正されてからである。このような背景のもと福祉においても「サービス」という理解が浸透しており，事業者はこの福祉サービスをマネジメントする視点をもつ必要が出てきた。

（2）福祉サービスの特徴

　サービスについて近藤は「人，モノ，情報といった特定の対象に働きかける価値生産的な変換の活動またはプロセス」と述べており，5つの特徴を挙げている。1つ目は「無形性」である。多くのサービスにおいて，必ずしも実体としての形が存在していない。福祉サービスをみてみると，支援者が利用者に提供するものは形がないのであり，特に，福祉サービスに不慣れな者は，その内容を確認する機会が限られ，利用をする前から不安感を抱くこともあろう。その結果，サービスや品質としての評価がしづらいことにつながる懸念がある。これらについては，福祉サービスの利用者や家族等に対し，事前に適切な情報，提供されるサービスの内容が伝わるような媒体づくり，組織体のイメージの醸成，普段のサービスの保証等の提示を通じて理解を得ていく必要がある。

　2つ目は「同時性」である。これは，サービスを提供する事業者とサービスを受ける側が同時に受け渡しをされるというものである。生活支援の場面で食事介助の場面を想定すると，支援者は利用者に食事を摂ってもらえるように介助をするというサービスを生産しているが，それは同時に食事を摂る利用者がそのサービスを消費していることになる。これは，サービスの提供者と利用者との間において分離ができないものである。したがって，サービスに何かしらのミスが生じたとしてもサービスを実施する前には戻れないということになる。そのため，サービス提供者は安心，安全なサービスを提供することができるように専門的な技術や知識を備えていることが求められ，それらを維持すること

ができるように体制を整える必要がある。

　3つ目は「異質性」である。これは，サービスを提供する者，利用する者は「人」であるため，機械のように常に均質的なサービスが提供されるとはいえないということである。それはもともとサービスの利用者個々によって支援者に求めているものが異なっており，福祉サービスが無形であることも相まって異質な状況が生じるというものである。これについては，組織的にサービスの標準化を目指すことが求められる。支援者個々によって最低限の支援の手順や判断を決定することがあってはならない。これについては次節でも学んでいく。

　4つ目は「結果と過程」である。そのどちらもが利用者にとって重要な影響を与えるものである。そして，支援者は，利用者が希望する支援に着目し，福祉ニーズを満たさなければならない。たとえば，衣服の着脱においては，着替えを完了することだけが目的でなく，その日の利用者自身の気分や好み，着脱の手順，季節に応じたものを支度する等の過程を支援することが重要となる。また，入浴介助等においては，入浴によって身体を清潔にすることだけが目的とはならず，利用者が望む手順となっているか，心身ともにリラックスができる環境が整えられているか等の過程を大切にしなければならないということである。

　5つ目は「共同生産」である。これは，支援者と利用者がともに参加する支援を大事にするということである。よりよい支援は，サービスを提供する支援者によってもたらされるのではなく，利用者がもつ心身機能を活かし，自らが生活に主体的に取り組み，自らのことを自分自身で行うという意欲を含んだものと捉えるべきである。このように，支援において利用者が参加するということが大事な考え方となる。たとえば，支援者は，生活支援において，利用者個々の心身の状況を理解し，利用者自身が身体動作に意欲的に取り組むことができる環境，声かけが重要な取り組みとなる。つまり，利用者が一方的に受け身となるような参加，支援ではなく，利用者自身が自らの生活活動のために能動的な参加を目指すことができる支援が大事である。

　このようにサービスの特徴の理解に基づく福祉サービスを提供していくことが求められており，事業者は，利用者中心の福祉サービスの実現に向けて組織

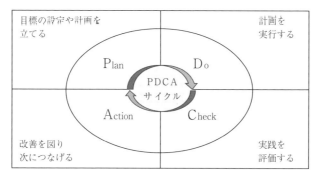

図7-1 PDCA サイクル

出所：筆者作成。

や職員をマネジメントしていくことが重要となっている。サービスマネジメントについて近藤は「サービスという財によってどのように顧客，従業員，サービス組織にとっての価値を高めるか，という課題を経営活動を通じて実現する」ことと述べており，福祉サービスの提供によって利用者の望む生活を実現するとともに，支援の展開で発生する経営課題を適切に管理し，解決のための道筋を立て実行していくことになる。

（3）PDCA サイクルと SDCA サイクル

　組織が取り組む経営管理については，**PDCA サイクル**の取り組みが推進されている。福祉現場においては，P（Plan：計画）でサービス提供のために計画を立て，D（Do：実行）で計画をもとにサービス提供等の行動を実施し，C（Check：点検）で結果を計画と照らし合わせ確認を行うというものである。そして，A（Action：改善）で必要な改善を図る（図7-1）。これらを繰り返し実施し，継続的に取り組むことにより，福祉サービスの質や業務の改善と向上を行うマネジメント手法である。

　この PDCA サイクルで重要な点を述べる。1点目は，施設運営を管理する立場にある者がこの PDCA サイクルを策定するノウハウを有し，職員集団の納得を得るような目標や指針，評価目標，評価基準の明示，管理について責任者としての役割を果たすことである。これは，PDCA を実施するという技術

論にとらわれるのではなく，組織本来の使命や理念を踏まえて反映させるべき
ものである。よって，進行管理については施設運営を管理する者の立場が重要
となるが，PDCA サイクルは組織の一部の者で取り組むのではなく，現場の
者も可能な限り参加ができるような体制づくりが必要となる。2点目は，組織
の運営面ばかりでなく，組織や職員個々の専門性も PDCA サイクルの対象に
含まれるということである。施設種別に限定することなく，サービス利用者本
人，その家族，地域に対する支援の拠点として所属する支援員が専門性を十分
に発揮できるような内容を意識する必要がある。

　さらに，昨今は SDCA サイクルの考え方も重視されるようになってきた。
S は「標準（Standard）」を意味している。この S（Standardize：標準化）は，マ
ニュアル等を作成し業務の標準を設定するものである。D（Do：遵守）は業務
標準として定められているマニュアルに沿ったものを徹底すること，C
（Check：確認）でマニュアルの確認と振り返りを行うものである。そして，A
（Action：改善処置）で状況がひっ迫している場合の応急対応やマニュアルの見
直しに着手することになる。この SDCA サイクルで重要な部分は「標準」に
沿って支援に取り組むということである。この標準的な支援を実施しなかった
場合や必要な確認を行わなかった場合にヒューマンエラーが発生することが予
想される。これまで福祉の支援においては，この標準的な支援に基づいた支援
の視点が十分でなかったため，各々の支援員がそれぞれの方法で支援，利用者
に関わってきた部分があり，このマネジメントの手法を活かし見直す必要があ
る。

　PDCA サイクルや SDCA サイクルは組織の一部の者だけで推進するもので
はない。それぞれ役割分担に基づき，トップダウンで推進を図るものと，ボト
ムアップで構築していくものがある。日々担当している業務をそれぞれが見直
していくことで，有意義な組織の経営管理につながっていく。

（4）SECI モデル

　サービスの「標準化」をもって不適切な対応を減らし，支援に対する手順を
整備していくということが組織には求められている。そしてさらに，個々の専

図7-2　SECI モデル

出所：野中郁次郎・竹内弘高／梅本勝博訳（1996）『知識創造企業』東洋経済新報
社，90～104頁を参考に筆者作成。

門職が有するノウハウや知識を組織の知識や力として創造していくという視点
が求められるようになっている。この考え方の一つが SECI モデルである。
　SECI モデルはナレッジ・マネジメントの理論である。ナレッジ・マネジメ
ントとは，組織やその組織に属する者が蓄積してきた経験や知識を組織全体で
共有し可視化することで，企業の力を高める経営手法である。野中らは，
SECI モデルは組織における知識の共有と説明することができ，それは4つの
知識変換モードを通じて組織的に増幅，共有できると示している。[3] すなわち S
（Socialization：共同化），E（Externalization：表出化），C（Combination：連結化），I
（Internalization：内面化）の4段階があり，相互変化しつづけるというものであ
る。この理論は，これまで経営学をはじめ，人文学，看護学において浸透して
おり，社会福祉分野における支援においても活用されている（図7-2）。この
SECI モデルを理解するためにもう1点キーとなる考え方を示しておく。企業
などの組織に蓄積される知識は，「暗黙知（tacit knowledge）」と「形式知
（explicit knowledge）」の2つに分けられる。暗黙知は，経験則や勘に基づく，
言葉にすることが困難な非言語知識であり，福祉現場においては支援者と利用
者の信頼関係の形成といった，言語等の表現で示すことが難しい知識である。
形式知は，文字化・数式化・図表化できる，言語化された知識のことである。

例として挙げると，業務マニュアルや手順書である。SECI モデルにおいては，知識創造のプロセスを，暗黙知と形式知の継続的な相互変換により，知識は生成され変化しつづけるという考え方を示している。

　SECI モデルの共同化は，たとえば，現場研修において経験年数の浅い支援員が，経験年数の長い支援員の業務内容を観察や模倣，実践し，自らの力量に変えていく段階と説明することができる。経験を共有することによって経験や技術などの暗黙知を創造するプロセスで，他者の暗黙知から自身の暗黙知を生成する段階となる。ただし，この段階では，マニュアル等の形式知になっていないため，個人がコツ等の暗黙知として把握をしている段階である。よって，組織の知識とはなり得ていない。

　表出化は，たとえば現場研修で見聞きした知識や技術を言語化し，第三者にもわかりやすい見えるものに整理することである。共同化によって得られた暗黙知から対応を通じて，形式知に変換していくことである。対話などの共同思考によって形式知として明示していくことと説明できる。

　連結化は，言語化された知識や技術と，これまで持ち合わせていた言語化された既存の知識や技術を組み合わせ新しい知識や技術を得ることである。断片的な形式知を組み合わせたり，形式知を多様に組み合わせたりして組織全体の有益な形式知とすることである。ここでは形式知と形式知を組み合わせ，新たな形式知を創り出す過程のなかでイノベーションが起きるきっかけにもつながることがある。

　内面化は，新たに創造された知識を，組織の人々が実体験し，体系的な形式知を体得し，さらに暗黙知にスキル化をすることと説明できる。形式知を多様に組み合わせ組織全体の有益な形式知とするものである。たとえば現場研修で新たに生まれた目に見える知識や技術を個人が会得することにより，その支援によって再度技術を高めるための知識や技術を形成していくという段階である。この実践によって，支援の工夫点や必要な配慮に気づき，個人レベルとして暗黙知を築いていくことになる。

　このように，SECI モデルの理論を活用し経営管理をすることで，個々に支援に関わる専門職の知識が周囲の専門職，組織に共有されることになり，知識

が創造され，ケースの対応，組織の運営が円滑になっていくことが期待される。

2　福祉サービスの質を支える評価と情報公開

（1）福祉サービス評価と情報公開の役割

　社会福祉法第3条（福祉サービスの基本的理念）は，良質な福祉サービスの提供を謳っており，福祉サービスを提供する者がその責務を担っていることが示されている。同法第78条（福祉サービスの質の向上のための措置等）では「社会福祉事業の経営者は，自らその提供する福祉サービスの質の評価を行うことその他の措置を講ずることにより，常に福祉サービスを受ける者の立場に立って良質かつ適切な福祉サービスを提供するよう努めなければならない」と定められ，福祉サービスの提供者が主体となってサービスの質を向上する取り組みが求められている。続いて，同条第2項において「国は，社会福祉事業の経営者が行う福祉サービスの質の向上のための措置を援助するために，福祉サービスの質の公正かつ適切な評価の実施に資するための措置を講ずるよう努めなければならない」としている。その措置の一つとして，**福祉サービス第三者評価制度**が挙げられる。さらに，同法第75条（情報の提供）で社会福祉事業経営者に対して，経営する社会福祉事業に関する情報の提供を行うよう努めなければならないと定めており，事業者が自らのサービス情報等について**情報公開**の取り組みを進めることを促している。福祉分野において，利用者本人や家族などがサービスを提供する事業者やその内容を選択できるようになってきていることから，選択するための情報を入手しやすい環境をよりいっそう整えていくことが求められている。

（2）福祉サービス第三者評価事業

　福祉サービス第三者評価事業とは，福祉サービスを提供する福祉施設，事業所のサービスの質について，公正，中立な第三者機関が専門的かつ客観的な立場から評価を行う仕組みである。この評価事業を積極的に受審し，評価の結果を公開することで，利用者や家族が福祉サービスの内容を理解できるとともに，

選択の情報源となる。なお，後述するが，社会的養護関係の施設である児童養護施設，乳児院，児童心理治療施設，児童自立支援施設，母子生活支援施設については，第三者評価の受審およびその結果の公表が義務づけられている。

　本事業のこれまでの経緯を整理しておく。1998（平成10）年11月に厚生労働省社会・援護局長の私的懇談会として「福祉サービスの質に関する検討会」が設置され，福祉サービスにおける第三者評価の在り方について検討された。検討結果として，2001（平成13）年3月「福祉サービスにおける第三者評価事業に関する報告書」として整理され，同年5月に「福祉サービスの第三者評価事業の実施要領について（指針）」を通知し，福祉サービス第三者事業が実施されることとなった。しかし，同方針では，具体的な推進を各都道府県や第三者評価機関に委ねていたため，それぞれ実施方法にばらつきがあり，普及には至らなかった。

　その後，厚生労働省は，福祉サービス第三者評価事業の普及および推進を図るために2004（平成16）年に「福祉サービス第三者評価に関する指針」を発出した。同通知では，福祉サービス第三者評価事業の目的を事業者自らが事業運営の課題を把握し，サービスの質の向上に結びつけられるようにした。そして，結果の公表により，利用者の適切なサービスに資するための情報となることを明確にした。

　また，推進体制では，全国推進組織と都道府県推進組織が設置された。全国組織は全国社会福祉協議会がその役割を担い，都道府県推進組織で活用される福祉サービス第三者評価事業の普及・啓発等を担うこととした。また，都道府県推進組織については，都道府県に設置を義務づけ，第三者評価機関の認定などの業務を担うこととなった。さらに，都道府県推進組織は，第三者評価機関の認定，第三者評価基準および第三者評価の手法，第三者評価結果の取り扱い，評価調査者養成研修に関することを定めた。他に，第三者評価機関認定委員会および第三者評価基準等委員会を設置した。

　2014（平成26）年，厚生労働省は「福祉サービス第三者評価に関する指針について」を改訂した。その背景として，福祉サービス第三者評価事業に対して，サービスの評価項目に均質性のない状況が散見されること，制度が広く認知さ

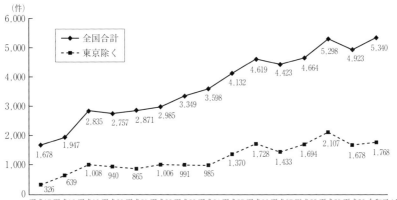

図7-3　第三者評価事業受審状況

注：社会的養護の関係施設を含む。
出所：全国社会福祉協議会より資料提供「受審数等の状況（総括表）」をもとに筆者作成。

れていないこと，第三者評価機関により評価結果にばらつきがみられていたことが挙げられる。

　最近の動向としては，2018（平成30）年3月に厚生労働省は「『福祉サービス第三者評価事業に関する指針について』の全部改正について」を通知した。同通知では，評価の質や受審率の向上等に向けた規制改革に取り組むべきことが指摘されている。そして，福祉サービス第三者評価事業の目的等について，「福祉サービス第三者評価事業は，一義的には社会福祉事業の経営者が行う福祉サービスの質の向上のための措置を援助するための事業であること」を示している。また，「社会福祉事業の経営者は，これらの意義を踏まえ，福祉サービス第三者評価を積極的に受審することが望ましいものであること」を述べており，「一義的」にという文言を新たに入れたことから，社会福祉事業の経営者に対して本事業の目的の理解を強く求めていることがわかる。

　全国社会福祉協議会による第三者評価事業の状況をみてみると，2019（令和元）年度は，全国で延べ5340件の受審がある。図7-3では，全体の受審件数と東京都を除いた受審件数をグラフに示しているが，東京都が全体の約6割を占めている。情報が公開されている2005（平成17）年度から2019（令和元）年度

までの延べ受審件数は5万5419件となっている。事業の普及とともに着実に受審する施設は増加している。東京都は民営の特別養護老人ホーム，認可保育所等に対して受審にかかる補助金（2020（令和2）年度は60万円）が出ていることもあり，施設が積極的に取り組みやすい環境が整備されていることが要因だと考えられる。費用に関する補助は自治体の状況にもよるが，いずれにしても事業者は，受審できるような計画を立てることが重要である。

　今後は，本事業を受審することにより，事業者が客観的な視点で自らが提供するサービスの状況を把握し，本事業の目的であるサービスの質の向上および必要な改善に積極的に取り組むことが期待される。

（3）介護サービス情報公表制度

　介護保険制度では，高齢者の尊厳を支えるケアを目指して，利用者本位，自立支援，自己決定といった基本理念が掲げられている。これらを実現するための取り組みの一つとして，**介護サービス情報公表制度**が設けられている。本制度は，2006（平成18）年4月から整備されており，利用者が介護サービスや事業所，施設を比較，検討して適切に選択ができることを目的としたものである。利用者は，事業者が提供するサービス内容の詳細についてインターネットで閲覧ができるようになっている。介護保険法第115条の35第1項に，事業者は，介護サービスの内容および介護サービスを提供する事業者または施設の運営状況に関する情報について都道府県に報告することが義務づけられている。これを受けて，都道府県および指定都市が情報を提供している。

　公表までは，①各事業所は直近の事業所情報を都道府県に報告，②都道府県は内容を審査，③都道府県はホームページに事業所情報を掲載という流れになっている。[6]

　ただし，事業所の報告内容を確認するため，都道府県知事が調査を行う必要があると認める場合には，都道府県または都道府県が指定した調査機関による訪問調査を行うこととなっている。公表されている事業所情報の内容は表7-1の通りである。

表7-1　公表されている事業所情報の内容

基本的な項目	事業所運営にかかる各種取組
1. 事業所の名称，所在地等 2. 従業者に関するもの 3. 提供サービスの内容 4. 利用料等 5. 法人情報	1. 利用者の権利擁護の取組 2. サービスの質の確保への取組 3. 相談・苦情への対応 4. 外部機関等との連携 5. 事業運営・管理の体制 6. 安全・衛生管理等の体制 7. その他（従業者の研修の状況等）

出所：厚生労働省（2017）「第三者評価制度・情報公表制度について」。

（4）地域密着型サービス外部評価

　2006（平成18）年4月より，一人暮らし高齢者や認知症高齢者が増加しているなか，一人ひとりができる限り住み慣れた地域での生活を継続できるよう，サービス体系の見直しや地域における総合的・包括的なマネジメント体制の整備を行うことを目的として**地域密着型サービス**が創設された。本サービスの自己評価および外部評価の実施については，「指定居宅サービス等の事業の人員，設備及び運営に関する基準等」「指定地域密着型介護予防サービスに係る介護予防のための効果的な支援の方法に関する基準」により取り組むことが義務であると明記されている。事業者自らが実施する「自己評価」と外部の評価機関が実施する「外部評価」からなり，この評価は国の指定基準により原則として少なくとも年に1回は実施することとなっている。

　なお，認知症対応型共同生活介護については，2021（令和3）年4月に「指定居宅サービス等の事業の人員，設備及び運営に関する基準等の一部を改正する省令」が告示され，従来取り組んできた既存の県が指定している外部評価機関による評価か，利用者や家族，地域住民の代表者，市町村職員または地域包括支援センターの職員，有識者から構成される「運営推進会議」を活用した評価のいずれかを選択し，その結果を公表することが可能となった。

（5）社会的養護関係の施設における第三者評価事業

　2012（平成24）年からは，社会的養護関係の施設である児童養護施設，乳児

院，児童心理治療施設，児童自立支援施設，母子生活支援施設は，2012（平成
24）年度より３か年度に１回以上の第三者評価の受審および評価結果の公表，
毎年の自己評価の実施が義務化されている。なお，この受審にかかる費用は受
審する施設側の負担となるが，３年に１回に限り，30万8000円を上限に措置費
の第三者評価受審費加算に算定することができるようになっている。

　ここで，社会的養護関係の施設は第三者評価を受審することが義務になって
いる背景を２点述べておく。１点目は，これらの施設は子どもが施設を選択す
る仕組みになっていない措置制度であるということが挙げられる。選択ができ
ないということは，サービスの内容や質を比較し選択をすることができない。
これにより施設都合の枠組みに沿った生活を強いることがないようにするため
である。２点目は，施設長による親権代行の規定である。児童福祉法第47条で
は「児童福祉施設の長は，入所中の児童等で親権を行う者又は未成年後見人の
ないものに対し，親権を行う者又は未成年後見人があるまでの間，親権を行
う」と定められている。施設長に子どもの希望等を決定する権限が与えられて
おり，適正に業務が執り行われているかどうかみていく必要がある。なお，こ
れまで民法第822条で定められていた「監護及び教育に必要な範囲で，懲戒す
ることができる」という内容はしつけ名目の虐待を防ぐために文言が削除され
ることが現在検討されている。これら２点の背景から，閉鎖的な施設運営にな
らないように第三者評価や自己評価の取り組みが義務となっている。

3　中長期計画の策定

　社会福祉法第24条では「社会福祉法人は，社会福祉事業の主たる担い手とし
てふさわしい事業を確実，効果的かつ適正に行うため，自主的にその経営基盤
の強化を図るとともに，その提供する福祉サービスの質の向上及び事業経営の
透明性の確保を図らなければならない」と明記してあり，経営の原則に基づき，
地域のニーズに応じた事業，昨今の自然災害に対する備え，社会福祉法人に対
する市民の意識等，さまざまに将来へ向けて意思決定をしていくことが求めら
れている。絶えず経営環境は変化しており，そのなかでも社会に必要とされる

法人であるために社会福祉法人制度改革や社会福祉法の改正が進んでいる。

　全国社会福祉法人経営者協議会は，2021（令和3）年に「社会福祉法人アクションプラン2025」を作成し，中長期計画の策定を推進している。社会福祉法人経営に必要な要素を網羅し，ガバナンス確立のための経営指標という視点で作成されている。本書のなかで「経営」とは財務だけではなく次のことが記されている。経営理念を定め組織の存在意義を明確にすること，経営戦略を決めて実行すること，組織を活性化すること，学習と成長の仕組みをつくること，利用者・地域との緊密な関係をつくること，危機管理なども重要な領域であり，すべてをバランスよく進めていくのが「経営」としている。現状においては，中長期の事業計画の策定，報告の義務はないが，社会福祉法人の社会的責任を理解し，継続的な事業運営を推進していくためにも積極的な策定が望まれている。このような取り組みについて，法人のメリットとしては，法人内職員に法人の理念が浸透し，それぞれの配属先における専門的な支援が期待される。また，地域社会に対しても法人の考え方を示すことになり，施設運営の理解へとつながっていくものだと考えられる。その結果，寄付行為やボランティア活動等が促進することも期待され，法人の財政運営，利用者の満足度の向上にもつながっていくものと考えられる。

注
(1)　近藤隆雄（2012）「サービスの内容と範囲」『サービスイノベーションの理論と方法』生産性出版，16〜31頁。
(2)　近藤隆雄（1999）「サービス・マネジメントとは」『日看管会誌』3（2），15頁。
(3)　野中郁次郎・竹内弘高（2020）『知識創造企業（新装版）』東洋経済新報社。
(4)　厚生労働省「『「福祉サービス第三者評価事業に関する指針について」の全部改正について』の一部改正について」（http://www.shakyo-hyouka.net/sisin/data/0_tuuchi0326_kaisei.pdf　2021年8月1日閲覧）。
(5)　社会福祉法人全国社会福祉協議会「第三者評価事業全国の受審件数等の状況（資料）」（http://www.shakyo-hyouka.net/appraisal/sys_c32a_2020.pdf　2021年8月1日閲覧）。
(6)　厚生労働省「介護サービス情報公表制度とは」（https://www.kaigokensaku.

mhlw.go.jp/commentary/system.html　2021年8月1日閲覧）。
(7)　全国社会福祉法人経営者協議会（2021）「社会福祉法人アクションプラン2025」。

キーワード一覧表

☐　**PDCA サイクル**　サービス管理のための手法。サービス提供のために計画を立て（Plan），その計画に基づいて実行（Do）し，その結果を計画に照らし合わせ確認（Check），そして必要な箇所を改善（Action）する。問題や課題の解決を図るときに有効とされる。　　　　　　　　　　　109

☐　**SDCA サイクル**　サービスの標準化の定着を図り次の課題の発見に導かれるマネジメントサイクルである。標準化（Standardize）→遵守（Do）→確認（Check）→改善処置（Action）で取り組まれる。　　　　　　　　　110

☐　**SECI モデル**　「共同化」「表出化」「連結化」「内面化」という4つのステップで構成された，知識創造のプロセス。暗黙知を形式知に変換し，形式知を暗黙知に変換する場を設けることで，個人のノウハウを全体で共有しようという考えである。　　　　　　　　　　　　　　　　　111

☐　**第三者評価制度**　事業者が提供するサービスの質を第三者が公正，中立な立場で，専門的かつ客観的な立場から評価する事業である。　　　　113

☐　**介護サービス情報公表制度**　利用者が介護サービスや事業，施設を比較や検討して適切に選ぶための情報を都道府県および指定都市が提供しているものである。インターネットで自由に閲覧することができる。　　　　116

☐　**地域密着型サービス外部評価**　地域密着型サービスの評価は事業所自らが実施する「自己評価」と評価機関が実施する「外部評価」から構成される。この評価は国の指定基準により原則として少なくとも年に1回は実施することが事業者に義務づけられている。　　　　　　　　　　　117

一問一答　　　　　　　　　⇒○か×か，答えてみよう。解答は213頁を参照。

Q1　PDCA サイクルに取り組む場合は，経営に関わる者だけでなく，現場職員も関わり進めていくことが望ましい。　　　　　　　　　　（　　）

Q2　社会的養護関係の施設における第三者評価制度の受審は3年に1度の努力義務となっている。　　　　　　　　　　　　　　　　　　（　　）

Q3　社会福祉法において，社会福祉法人は，中長期の事業計画を作成することが義務となっている。　　　　　　　　　　　　　　　　　　（　　）

第8章

福祉サービスの危機管理に関する基礎理論

　福祉サービスは，子どもから高齢者，障害者，さまざまな事情を抱えた人たちにとって欠かすことのできない存在である。どのような場面でも危機・危険を回避・最小限にするための**危機管理**（リスクマネジメント）は重要である。本章では，リスクマネジメントについて現場からの視点で学びを深めていく。

1　福祉サービスにおける危機管理（リスクマネジメント）

（1）危機管理（リスクマネジメント）とは

　「**リスク**」とは，危機・危険のことである。リスクには，重大な事故や軽傷にとどまったもの，事故につながる直前にヒヤリとしたことやハッと驚いたこと（ヒヤリハット）などさまざまなものがある。

　リスクマネジメントとは，企業活動に伴うさまざまな危険を最小限に抑える管理運営方法のことである⁽¹⁾。

　福祉サービスにおいて危機管理（リスクマネジメント）は重要であり，例として，利用者自身に関すること，家族とのやりとり，サービス事業者間のやりとり，職員同士の人間関係，財務関係や人員不足などの影響からもたらされるような事業所の存続に関することなどがある。

　福祉の現場から考えてみると，利用者の「自由」を重視しすぎるほどリスクは高まるという見解もある。反面，リスクばかりを気にしすぎると，利用者の行動を徹底的に管理することになり，利用者の自立性や主体性が奪われてしまう。事故を完璧に未然に防ぐことは困難である。大きい小さいに限らず事故は

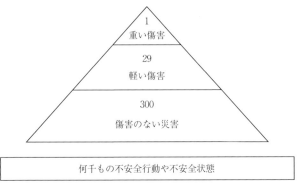

図 8-1　ハインリッヒの法則

出所：ハインリッヒ，H. W.／三村起一監修（1951）『災害防止の科学的研
　　　究』日本安全衛生協会，30頁およびハインリッヒ，H. W.ほか／総合安
　　　全工学研究所訳（1982）『ハインリッヒ産業災害防止論』海文堂出版，
　　　59頁をもとに筆者作成。

　起きてしまうものという視点から，利用者の意思決定や尊厳を大切にしつつ，
リスクは最小限にするような実践が重要なのである。

（2）ハインリッヒの法則

　ハインリッヒの法則とは，アメリカのハインリッヒ（H. W. Heinrich）が提唱
した法則である。この法則は，リスクマネジメントの領域で世界的に有名な法
則である。図8-1のように，1つの重い傷害の背景には，29の軽い傷害があ
る。そして，300の傷害のない災害があり，さらに，何千もの不安全行動や不
安全状態が存在することを意味している。

　この法則から学ぶべきことは，それぞれの段階できちんとその原因を検証す
ることで，重大な事故につながることを未然に防ぐことができるということで
ある。

（3）ハインリッヒの法則の誤解と注意点

　ハインリッヒの法則は図8-1になるが，図8-2のように300の傷害のない
災害を300のヒヤリハットと記載されている図をよく見かける。ハインリッヒ

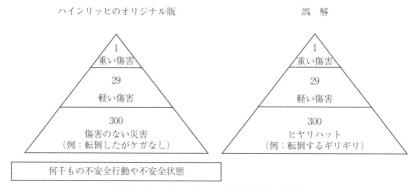

図8-2　ハインリッヒの法則と誤解の比較

出所：筆者作成。

は，ヒヤリハットという表現を用いていない。ハインリッヒの真意を高齢者の転倒事故を例にして説明すると，1つの重い傷害は，転倒による死亡にたとえることができる。29個の軽い傷害は，転倒による骨折等である。そして，300の傷害のない災害は，転倒したが骨折等のケガはなかったものと理解できる。注目しておきたいこととして，誤解では，ここにヒヤリハットが当てはめられていることである。ヒヤリハットであれば，高齢者がふらついて転倒しそうになったが，転倒するギリギリのところで職員が支えた，という理解になる。

　しかし，ハインリッヒの真意では，この300は，転倒したがケガはないと理解することができる。このような誤解が広まっていることについて注意しなければならない。

（4）リーズンの軌道モデル（スイスチーズモデル）

　リーズンの軌道モデルは，ハインリッヒの法則と同様に世界的に有名なリスクマネジメントのモデルである。

　リーズンの軌道モデルは，スイスチーズモデルとも呼ばれている。図8-3は，誰もが危険であると認識しているような事柄である潜在的な危険性が損失・事故にまで至るプロセスをわかりやすく図にしたものである。防護層としていくつかのチーズが存在している。チーズの穴は絶えず動いており，穴が一

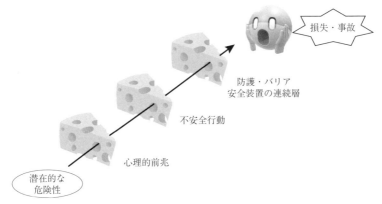

図8-3 リーズンの軌道モデル（スイスチーズモデル）

出所：リーズン，J.／佐相邦英監訳（2010）『組織事故とレジリエンス──人間は事故を起こすのか，危機を救うのか』日科技連出版社，123頁をもとに筆者作成。

直線に並んだときに防護層としてのチーズを貫いて事故へとつながる。この防護層には，物理的なものやルール，規制，手順，現場で働く職員などの個人的なものまでさまざまなものがある。

　潜在的な危険性は，どの現場にも存在している。結果としての損失や事故に至るには，順番は異なったとしても，心理的な前兆があって，不安全な状態や行動もあり，いくつかの防護・バリアである安全装置の連続層がある。防護層の最終局面として，物理的なものよりも最前線で働く職員が該当することも少なくない。事故を起こしてしまった，あるいは関わった職員の精神的ダメージは想像に耐え難いものである。だからこそ，辛い思いをする職員を一人でも少なくするためにもリスクマネジメントは重要なのである。

2 苦情解決と情報管理

（1）苦情の捉え方

　苦情とは，利用者あるいはその家族から何か嫌なことや理不尽なことを言われることと考えている人は少なくないだろう。ときには，実際に嫌なことや理不尽な要求をする人もいるかもしれない。しかし，苦情に対する視点を少しだ

け変えてみると，苦情は組織の成長へのチャンスと捉えることができる。

　利用者・家族から苦情としてサービス提供者のもとへその内容が届く手段として，直接口頭で伝える（電話等を含む），文書による投函，友人・知人からの伝言，第三者機関からの伝達（行政の窓口）などが考えられる。

　また，福祉サービスに関わる私たちは，苦情を言うことができない人もいることを認識しなければならない。たとえば，施設でのケアに不満があったとしても，その不満を言うことができない利用者・家族がいるということである。利用者側としては，お世話になっているから言いたくても言えない。家族側としては，苦情を言うことで利用者へのサービスの質が落ちるのではないかと，ある意味，家族が人質となっていると考えてしまうから苦情を言うことができないなどである。

　経営者や施設長といった責任のある立場の人は，職場において，「苦情＝ダメなこと」と捉えるのではなく，自分たちのサービスの質を見直す良い機会と捉えることのできるような雰囲気作りをすることが大切である。

　「苦情＝サービスの質を見直す良い機会」と捉えると，「苦情を言ってくれた人＝嫌な人」ではなくなる。むしろ，感謝の気持ちを抱くことができる。

（2）権利擁護と苦情解決体制

　福祉サービスにおける危機管理において重要なのは，利用者の**権利擁護**の視点と**苦情解決体制**を構築することである。社会福祉法第82〜86条において，苦情解決について法制化されている。また，福祉サービスに関する苦情は，図8-4のように利用者と事業者との間で話し合いなどをして解決することを基本としているが，都道府県社会福祉協議会に設置されている福祉サービスの**運営適正化委員会**や都道府県の苦情相談窓口に苦情を申し出ることもできる。

　利用者のなかには，自分のおもいを主張することが困難な人もいるということを常に意識した苦情解決体制を構築する必要がある。それは，社会福祉士などの福祉専門職として利用者の**権利擁護**（アドボカシー）の視点も併せ持たなければならないことを意味している。権利擁護（アドボカシー）とは，誰もが平等に有している基本的人権を根底に，生命や財産，権利を守るための代弁や

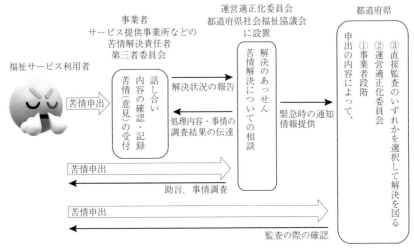

図8-4　苦情解決のプロセス

出所：筆者作成。

介入への取り組みを通して利用者本人の自己実現を目指すことである。

　一方で，怒りに任せて苦情を言ってくる人に対して，怒りで応対することは最も避けなければならないことである。福祉サービスにおいて有効な手段として，**バイステックの7原則**（①個別化，②意図的な感情表現，③統制された情緒関与，④受容，⑤非審判的態度，⑥自己決定，⑦秘密保持）を活用してみよう。特に，受容は基本である。まずは，相手の訴えをしっかりと聞き，あなたのことを受け入れているということを示すことである。批判や言い訳はしないことが重要である。

　苦情解決体制の根幹として，利用者の権利擁護とサービス提供者側の責任の両方を冷静に見つめる視点をもたなければならない。

　苦情の対応として，サービス提供者は自分自身の説明の振り返りをすることも大切である。たとえば，説明不足や問題はなかったか，利用者・家族が納得できる説明であったか，職員側の一方的な説明にとどまっていなかったか，利用者・家族が望んだ説明の内容になっていたか，言葉の行き違いによる誤解になっていないか，などである。もちろん，理不尽な要求には毅然と対応するこ

とも必要である。説明の技法としては，時系列に沿って，簡潔に，要点をまとめて説明することが大切である。そして，最も大切なことは，事実を正確に整理し，精査し，誠意をもって対応することである。苦情対応，**説明責任（アカウンタビリティ）の遂行**として，窓口の一本化を図り，十分なコミュニケーションと相手の要望の真意を読み解くようにする。教科書・マニュアル通りにはいかないのが現場である。一方的な説明ではなく，納得してもらえるように働きかける必要がある。強引な説得は，信頼関係を壊し，主体的な意思決定の機会を奪うことになることを心得ておかなければならない。

（3）プライバシーの保護

　プライバシーや個人情報に関して，わが国では2003（平成15）年に個人情報保護法が制定されている。私たちの暮らしている社会では，パソコンやインターネット，スマートフォンなどの**情報通信技術**（ICT：Information and Communication Technology）が発展し簡単に個人情報を知ることができるようになっている。便利な世の中になった点もあれば，自分が知らない間に個人情報が漏洩するなどのリスクも増えていることを自覚しなければならない。

　そもそも，プライバシーと個人情報は，同一のように考えられることがあるが，厳密には意味が異なる。

　プライバシーは「一人でいさせてもらう権利（the right to be let alone）」といわれるように，「他人の干渉を許さない，各個人の私生活上の自由，自己の情報をコントロールできる権利」という意味がある。

　個人情報は，**個人情報保護法**において「生存する個人に関する情報であって，氏名や生年月日，その他の記述等により特定の個人を識別できるもの」という意味が規定されている（第2条）。より具体的には，人体に関するもの（指紋，顔，手指の静脈，声紋，DNA），マイナンバー，免許証番号，基礎年金番号なども個人情報に含むことができる。

　個人情報保護法では，対象とする個人情報は「生存する個人」であることから，死者に関する個人情報は対象としていない。しかし，死者個人に関する情報のみではなく，家族等との情報とも関連することが少なくないことから，倫

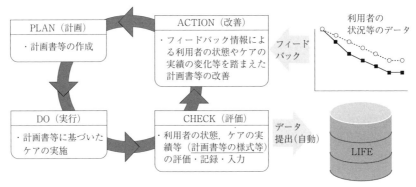

図 8-5　LIFE による科学的介護の推進イメージ

注：令和 3 年度から CHASE・VISIT を一体的に運用するにあたって，科学的介護の理解と浸透を図る
　　観点から，以下の統一した名称を使用。科学的介護情報システム（Long-term care Information
　　system For Evidence：LIFE ライフ）

出所：厚生労働省（2020）「科学的介護情報システム（LIFE）について」社会保障審議会介護給付費分
　　科会第185回資料より一部改変。

理的な観点からもその取り扱いには十分に留意する必要がある。

　私たち社会福祉士は，情報の管理について，社会福祉士及び介護福祉士法第
46条「秘密保持義務」において「正当な理由がなく，その業務に関して知り得
た人の秘密を漏らしてはならない。社会福祉士又は介護福祉士でなくなつた後
においても，同様とする」と定められているように，人の生命や人生，生活に
関わる専門職としての真摯な姿勢が求められている。

（4）福祉サービスにおける情報管理の未来

　昨今の福祉サービスでは，データをもとに科学的に効果が裏づけられた自立
支援・重度化防止に資する質の高いサービス提供が求められている（図8-5）。
　厚生労働省では，通所・訪問リハビリテーションデータ収集システム
（VISIT），高齢者の状態やケアの内容等データ収集システム（CHASE）を運用
していた。この2つのシステムは，2021（令和3）年4月より介護保険制度の
改正に伴って新設された**科学的介護情報システム**「**LIFE**（Long-term care
Information system For Evidence）」へ統合された。この LIFE は，Web システ
ムであり，各サービス事業所が LIFE を用いて厚生労働省への利用者の状況

などをデータとして提出し，フィードバックを活用する仕組みである。PDCA
サイクル，ケアの質の向上を図る取り組みを推進することに期待されている。

3　危機管理としての業務継続計画（BCP）

（1）なぜ福祉サービスに業務継続計画（BCP）が必要なのか

　福祉サービスの対象は，子どもから高齢者，障害者，さまざまな事情を抱え
た人たちである。私たちの生活では，昨今の大地震，水害等の自然災害や新型
コロナウイルス感染症の流行，あるいはテロ事件など予想もしていない事態に
見舞われることが少なくない。そのような状況において，福祉サービスを中断
させない，または中断しても迅速に復旧させるための計画を事前に備えておく
ことは重要である。

　その計画を**業務継続計画**（BCP：Business Continuity Plan）といい，次のよう
に定義されている[(2)]。

　大地震等の自然災害，感染症のまん延，テロ等の事件，大事故，**サプライチェー
ン（供給網）**の途絶，突発的な経営環境の変化など不測の事態が発生しても，重要
な事業を中断させない，または中断しても可能な限り短い期間で復旧させるための
方針，体制，手順等を示した計画のことを事業（業務）継続計画（Business
Continuity Plan：BCP）と呼ぶ。

　BCP における緊急事態とは，自然災害（地震，台風，集中豪雨，水害，落雷な
ど），感染症（新型コロナウイルス感染症，インフルエンザなど），事故（設備の大規
模事故や職員の巻き込まれる事故），戦争や紛争，テロ，その他業務継続を脅かす
ような緊急事態すべてのことである。

　BCP では，普段の対応と緊急時の対応の検討を通して，福祉サービスを中
断させない，中断した場合は速やかに復旧することが求められる。具体的には，
福祉サービスを中断させないためには，福祉サービスを提供するために必要な
資源（職員や設備）を守ること，ライフライン（電気・ガス・水道）を確保する
ことが必要である。また，福祉サービスが中断してしまった場合は，必要な資
源を補充して速やかに復旧すること，職員不足やライフラインの停止を踏まえ

て重要な業務を優先的に取り組むなどの計画が大切である。そこで，福祉サービスにおいては，大きく2つ（自然災害 BCP と新型コロナウイルス感染症発生時の BCP）に分けて BCP を策定していくことが求められている。

（2）新型コロナウイルス感染症発生時の BCP

　新型コロナウイルス感染症発生時の BCP と大地震などの自然災害の BCP では，被害の対象や期間，その制御，事業への影響などが異なる。

　新型コロナウイルス感染症発生時の BCP の重要なことは次の3点である。

　①　情報を正確に把握して的確に判断していくこと

　いつ，どこから，どの経由で感染したのか，これ以上感染を拡大させないための正確な情報の把握と初期対応が重要である。情報が錯綜し，職員，利用者・家族が混乱，風評被害などのリスクを予測して対応していかなければならない。

　②　人員の確保と配置

　自然災害の場合は，建物の崩壊やライフラインの被害が予測されるが，新型コロナウイルス感染症の場合は，これらのリスク以上に人への影響の方が課題である。感染拡大の際の職員の確保策（他部署からの応援など）を考えておく必要がある。

　③　感染防止・予防策

　新型コロナウイルス感染症の場合は，感染防止・予防策によって被害の拡大を最小限に抑えることへとつながる。

　④　正確な情報を迅速に開示すること

　新型コロナウイルス感染症が施設内などで発生した場合は，速やかに正確な情報を職員，利用者・家族へ案内文などで開示することがリスクマネジメントとして重要である。風評被害をおそれて隠蔽するのではなく，正直に開示する方が将来的な事業継続を考えた際には最善の策といえる。

（3）自然災害発生時の BCP

　自然災害とは，主に地震，台風，集中豪雨，水害，落雷などのことである。

自然災害発生時の BCP と関連づけて考えられるのが，防災計画である。この２つは，共通する点もあるが，明確に異なる点もある。防災計画では，人命・建物・情報などの資産・財産を守ることを主としているが，BCP では，それらを踏まえて，サービス事業を守ることを主としている。

自然災害発生時の BCP の重要なことは次の３点である。

①　優先的に継続するべき重要業務の早期復旧

自然災害 BCP では，身体・生命の安全確保と物的被害の軽減に加えて，優先的に継続・復旧すべき重要業務を継続する，または，早期に復旧することを目指す必要がある。

②　防災計画と密接に作成すること

従来，各福祉サービス事業は，その事業ごとに防災計画を策定している。そのため，両方の計画には共通する点があり，密接に関連させて作成する必要がある。

③　地域全体を把握しておくこと

自然災害が発生した場合は，自身の福祉サービス事業所のみの被害だけではなく，その地域も何らかの被害を受けている可能性が高い。そのため，地域のハザードマップを活用して地域全体を把握しておくことで二次災害を防ぐ必要がある。

（4）福祉サービスに求められる役割

福祉サービス事業所や福祉に携わる人たちに求められる役割は，次の５点である。

①　福祉サービスを中断させない，中断した場合は速やかに復旧すること

福祉サービスは，在宅系，通所系，入所系などさまざまな形態がある。それぞれのサービス形態に応じて BCP を策定し，サービスを継続できるようにすることが求められている。

②　利用者の安全・安心の確保

子どもから高齢者，障害者，さまざまな事情を抱えた人たちにとって欠かすことのできない存在である福祉サービスには，利用者の安全を守るための対策

としての BCP を策定および運用することが求められている。

③　職員の安全・安心の確保

感染拡大時や自然災害発生時・復旧時は，職員の労働環境が過酷になることが予測・懸念される。職員の感染防止対策，過重労働，メンタルヘルス対応への適切な対応，職員の給与の補償が管理者・経営者には求められている。

④　地域への貢献

特に，自然災害の場合は，社会福祉施設や医療施設としての公共性の観点からも施設のもつ機能を活かした地域への貢献が求められている。

⑤　BCP を運用できる職員の育成

BCP は，策定することが目的ではない。BCP の運用，広義の意味での福祉サービスの危機管理ができる職員の育成が可及的速やかに求められている。

注
(1)　新村出編（2018）『広辞苑（第 7 版）』2944頁。
(2)　内閣府（2021）「事業継続ガイドライン──あらゆる危機的事象を乗り越えるための戦略と対応」。

参考文献
ハインリッヒ，H. W.／三村起一監修（1951）『災害防止の科学的研究』日本安全衛生協会。
ハインリッヒ，H. W. ほか／総合安全工学研究所訳（1982）『ハインリッヒ産業災害防止論』海文堂出版。
リーズン，J.／十亀洋訳（2014）『ヒューマンエラー（完訳版）』海文堂出版。
リーズン，J.／高野研一・佐相邦英訳（1999）『組織事故──起こるべくして起こる事故からの脱出』日科技連出版社。
リーズン，J.／佐相邦英監訳（2010）『組織事故とレジリエンス──人間は事故を起こすのか，危機を救うのか』日科技連出版社。

キーワード一覧表

| □　リスク　危機・危険なこと。 | 121 |
| □　リスクマネジメント　企業活動に伴うさまざまな危険を最小限に抑える管理運 | |

営方法のこと。　121

□ バイステックの7原則　①個別化，②意図的な感情表現，③統制された情緒関与，④受容，⑤非審判的態度，⑥自己決定，⑦秘密保持。　126

□ アドボカシー　権利擁護。　125

□ アカウンタビリティ　説明責任。　127

□ ICT　情報通信技術（ICT：Information and Communication Technology）の略。　127

□ 運営適正化委員会　福祉サービスに関する苦情を受け付ける組織であり，都道府県社会福祉協議会に設置されている。なお，運営適正化委員会は，虐待や法令違反など明らかに改善を要する重大な違反等に関する苦情を受けた場合は，都道府県知事に対し速やかに通知することとなっている。　125

□ VISIT　通所・訪問リハビリテーションデータ収集システム（monitoring & eValuation for rehabIlitation ServIces for long-Term care）の略。　128

□ CHASE　高齢者の状態やケアの内容等データ収集システム（【Care】【Health】【Status】【Events】）の略。【Care】と【Health】は介護のサービスを意味し，【Status】は利用者の状態，【Events】は利用者の情報を意味している。　128

□ LIFE　科学的介護情報システム（Long-term care Information system For Evidence）の略。　128

□ BCP　業務継続計画（Business Continuity Plan）。　129

□ サプライチェーン（供給網）　開発・調達・製造・配送・販売など，供給者から消費者までを結ぶ一連の業務のつながりのことである。　129

一問一答　⇒○か×か，答えてみよう。解答は213頁を参照。

Q1　利用者や家族からの苦情は，時間をおいてから対応するべきである。（　　）

Q2　事故が発生した場合は，公表せず，秘密にすることがリスクマネジメントである。（　　）

Q3　サービスの質が向上することは事故防止につながる。（　　）

Q4　介護保険施設において，業務継続計画（BCP）の策定は義務である。（　　）

Q5　自然災害のとき，社会福祉施設には地域貢献が求められる。（　　）

第 ⑨ 章

福祉サービスの人事管理に関する基礎理論

　将来的な労働人口の減少のなかで，福祉人材を確保し，育成することは社会
福祉業界における喫緊の課題である。福祉サービスを提供する際の基盤として
福祉人材の確保や育成を含めた人的資源の管理は，社会福祉事業を展開するう
えで必要不可欠な営みである。本章では，組織における人事管理の基本につい
て社会福祉専門職として学びを深めてほしい。

1　福祉サービスにおける人事管理とは

　社会福祉事業を展開する組織はそれぞれに目的をもって設立され，ヒト・カ
ネ・モノなどの経営資源を利用しながら経営されている。社会福祉事業など形
のない福祉サービスを提供する組織において，職員の存在は事業を展開するう
えで必要不可欠な経営資源である。組織を形作る職員一人ひとりが高いモチ
ベーションのもとに，よりよい福祉サービスの提供に向けて力を発揮できる環
境が整備され，組織全体でバランスのとれた状態が維持されるならば，おのず
と組織の目的を達成することにもつながる。

　人事管理は，先に述べたように職員がよりよく働くための環境を整え，組織
内での働き方についてルールを設けることで人材をよりよく活用するために行
われる活動であり，特に人材に関する業務全般を指す。その範囲は，人材の採
用，人材の育成，人材の評価，人材の配置や昇格や異動などが含まれる。

2　福祉人材の確保

（1）福祉人材の確保についての現状

　人の手によって担われる福祉サービスの提供について考えてみると，一定の質を保障しつつ福祉サービスの提供を持続するためには，社会福祉事業に従事する専門職の確保が重要な課題である。しかし，進展する社会全体の高齢化に伴う労働力人口の減少も予想されている（図9-1）。労働力人口が減少する一方で，福祉サービスの供給は増加傾向にあり，福祉人材の確保は社会福祉業界全体における最重要事項である。

　福祉人材確保の対策として，社会福祉法第89条では，「社会福祉事業従事者」の確保および国民の社会福祉に関する活動への参加の促進を図るための措置に関する基本的な指針を定めなければならないとされており，2007（平成19）年に「社会福祉事業に従事する者の確保を図るための措置に関する基本的な指針」（平成19年厚生労働省告示第289号）を策定し，**都道府県福祉人材センター**を設置するなどして人材確保に取り組んでいる。

（2）福祉人材の採用と定着

　福祉人材の確保は業界全体における課題であると述べたが，採用後の定着も重要である。表9-1は，2019（令和元）年度における福祉人材の採用率および離職率に関する資料である。

　2019（令和元）年度の状況をみると，福祉人材として新卒採用がなかった事業所は，社会福祉法人全体で42％であった。さらに職員全体のうち，2019（令和元）年度に離職した職員数をみると，すべての法人において就職後3年未満の職員が半数以上を占めていることから，職員の定着が課題であることがわかる。人材の確保はもちろんのこと，採用後の定着は社会福祉事業所にとって欠かせない課題である。職員の定着のためには，福祉の仕事を「魅力ある職場」「働きやすい職場」として誰もが認めることができるよう改善する必要がある。

　では，職場が何をすると職員は働きやすいと評価するのだろうか。正社員が

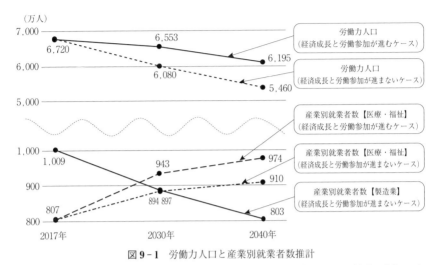

図 9 - 1　労働力人口と産業別就業者数推計

出所：全国社会福祉協議会（2021）「地域を支える福祉人材確保・育成・定着のための取り組み方策2021」
　　　（https://www.shakyo.or.jp/tsuite/jigyo/research/20210513seisakui/index.html　2021年7月7日閲
　　　覧）34頁。

表 9 - 1　2019年度社会福祉法人の採用率および離職率

区　　分		社会福祉法人全体 n＝8,386	介護保険事業 n＝3,296	保育事業 n＝3,222	障害福祉サービス事業 n＝1,313
採用率	（％）	16.3	17.7	15.0	13.7
うち新卒		2.2	1.3	4.5	1.8
うち中途		14.1	16.3	10.5	11.9
新卒採用なし	（％）	42.0	46.7	33.6	54.0
離職率	（％）	14.5	16.1	12.5	12.3
うち就職後1年未満		4.5	5.5	3.2	3.3
うち就職後3年未満		8.5	9.9	6.9	6.6

出所：独立行政法人福祉医療機構（2021）「2019年度社会福祉法人の経営状況について」（https://
　　　www.wam.go.jp/hp/wp-content/uploads/210222_No010.pdf　2021年7月7日閲覧）7頁。

　働きやすいと感じている企業における雇用管理の項目ごとの実施率をみると，
「能力・成果等に見合った昇進や賃金アップ」や「人事評価に関する公平性・
納得性の向上」などが高くなっている（図9-2）ことから，「魅力ある職場」

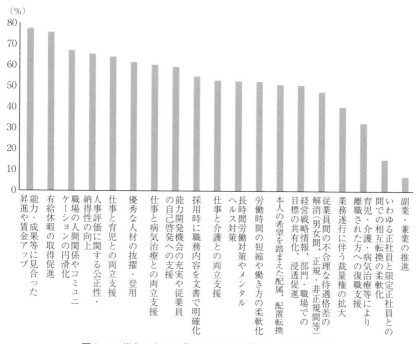

図9-2　働きやすい企業における雇用管理の項目別実施率

出所：厚生労働省（2019）「令和元年版　労働経済の分析——人手不足の下での『働き方』をめぐる課題について」（https://www.mhlw.go.jp/stf/wp/hakusyo/roudou/19/19-1.html　2021年7月7日閲覧）144頁をもとに筆者作成。

「働きやすい職場」における人事管理の重要性がわかる。

3　福祉人材の評価

（1）人事評価

　自分の働きが正当に評価されているかどうかは，職員の仕事に対するモチベーションの維持や向上に大きく影響する。より魅力ある職場作りの要素の一つに適切な人事評価がある。

　人事評価は，職員一人ひとりの目標をあらかじめ設定し，上司との面談やフィードバックなどを通して職員を評価する取り組みである。評価結果は，給

表9-2　人事評価の目的

処遇決定	昇進や昇格，あるいは適正な給与を支給するために必要な判断材料を収集する
人材の適正配置	職務により適した人材を配置するための判断材料を収集する
人材育成	職員の現状と目標のギャップを明確にし，改善課題を提示することで職員の成長を促す

出所：上林憲雄ほか（2018）『経験から学ぶ人的資源管理（新版）』有斐閣，127頁をもとに筆者作成。

与や配置，異動や昇格などに活用される（表9-2）。

（2）目標管理制度

「**目標管理制度**（MBO：Management By Objective）」とは，職員が自ら目標を設定し進捗や実行を管理しながら自分の仕事を自分でマネジメントできるようにする仕組みである。1954年に経営学者ドラッカー（P. F. Drucker）が著書『現代の経営（*The Practice of Management*）』において提唱した。

目標管理制度における目標の設定は，個人の場合やグループの場合があり，目標の設定とその達成具合から仕事を評価する。その際には，上司との面談により本人の能力を含めて評価することや，合意したうえで目標を設定することが大切である。適切な運用がかなえば，自己管理が強い動機づけをもたらし，自分の仕事に最善を尽くす職員の育成につながる方法である。

（3）人事評価におけるエラー

人が人を評価する人事評価制度では，ときに評価者が陥る**評価エラー**がある。評価エラーは特別なことではなく，人事評価において，より適切な評価をするためにも人事評価の際に想定される評価エラー（表9-3）について知っておく必要がある。

評価エラーを回避し，より公正な人事評価を実施するためには，複数の人間で評価する（**多面評価**）ことや評価基準や評価項目をより精緻にすることが考えられる。また，被評価者からの異議申し立ての機会を設けることで，人事評価における公正性を高めることができる。

表 9 - 3　評価におけるエラー

期末誤差	評価対象期間の出来事をすべて覚えていないため，評価面接直前の出来事で評価する
ハロー効果	特定の評価要素が際立って見えると，別の要素についても同じような評価をしてしまう
論理誤差	評価結果の一貫性を求めるあまり，事実によらず推測で評価項目間に関係があると考えて評価してしまう
対比誤差	自分や別の誰かと比較して評価してしまう
寛大化傾向	被評価者との対立を避けるために，実際よりも良い評価をしてしまう
中心化傾向	評価者が被評価者をよくわからないために，判断に困った結果，平均的な評価をしてしまう

出所：上林憲雄ほか（2018）『経験から学ぶ人的資源管理（新版）』有斐閣，141〜143頁をもとに筆者作成。

4　福祉人材の育成

（1）人材育成の重要性

　福祉サービスの根幹は人である。職員にとって「魅力ある職場」「働きやすい職場」であることは，職員の成長を促し，提供される福祉サービスの質を変えるほどの影響力をもつ。そのため，確保した人材の育成は，職場にとってきわめて重要な課題である。とはいえ，人手不足や多忙などの理由で，職場研修の重要性を理解しつつも実施する余裕がない職場もあるだろう。

　しかし，人材育成は，単に職場の好みや余裕で実施すればよいものではない。「社会福祉事業に従事する者の確保を図るための措置に関する基本的な指針」の第 3「人材確保の方策」2「キャリアアップの仕組みの構築」の③において，人材育成に関して次のように示されている。

> 　従事者のキャリアアップを支援する観点から，働きながら介護福祉士，社会福祉士等の国家資格等を取得できるよう配慮するとともに，従事者の自己研鑽（さん）が図られるよう，業務の中で必要な知識・技術を習得できる体制（OJT）や，職場内や外部の研修の受講機会等（OFF-JT）の確保に努めること。（経営者，関係団体等）

　福祉の職場は，自らが確保した人材の育成について責任をもって取り組む必

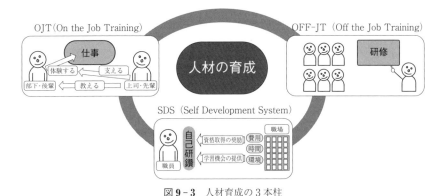

図9-3　人材育成の3本柱

出所：筆者作成。

要があるのである。

（2）人材育成の方法

　人材育成の方法は一つではなく複数ある。本項では，実際に職場で展開される職場研修のうち，人材育成の三本柱（図9-3）といわれる OJT，OFF-JT，SDS を取り上げる。いずれの職場研修も行き当たりばったりで実施するのではなく，研修責任者を定め，研修計画を策定し，かつ，いくつかの方法を組み合わせて実施することにより結果が得られるものである。

　①　OJT（On The Job Training）

　OJT は，職務を通じての研修であり，上司（先輩）が部下（後輩）に対して，職場内の業務を通して指導する仕組みである。

　この場合の上司とは，熟達者である管理職員やチームリーダーのことをいう。初任者にとって OJT は，熟達者の仕事ぶりを目の前で確認しながら学ぶことができるため，実践的な研修の機会といえる。また，OJT の実施に際して改まった時間や場所を必要とせず，日常の業務内で実施する研修であることも利点である。

　②　OFF-JT（Off The Job Training）

　OFF-JT は，職務を離れて受講する研修である。職務を一定期間離れて，専

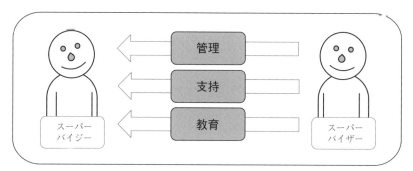

図9-4　スーパービジョン

出所：筆者作成。

門知識や技術習得の学びを深める。日常の職務が研修の場となる OJT とは異なり，同様の立場の人たちが一堂に会する集合研修であるため，効率的，集中的，体系的に学びを深めることができる。職場内で実施される場合や職場外で実施される場合がある。職場外研修などの場合は，異なる職場の人と交流する機会にもなり，情報交換することで視野が広がるきっかけつくりにもなる。

③　SDS（Self Development System）

SDS は，自己啓発支援制度とも呼ばれている。職場内研修としては，職場内自主学習会などへの支援，職場外研修としては，職場外のさまざまな研修への自主的参加に対する支援をする支援制度のことである。支援の方法としては，費用補助や勤務時間の柔軟な対応，職場内施設の開放などがある。

自己研鑽とは，自分の意志で自分を高めるために取り組む自分のための活動をいうが，職場は，職員の学ぶ意思を尊重し自己研鑽の機会確保に取り組む必要がある。

（3）スーパービジョン

先述した人材育成の三本柱の他にも，人材育成のための方策は幾通りもあるが，そのなかでもスーパービジョン（Super Vision）は，社会福祉専門職の育成に有用な方法である。

スーパービジョンは，スーパービジョンを実践する人であるスーパーバイ

表9-4　スーパービジョンの機能

管理的機能	スーパーバイジーが仕事になじめるように業務量を調整するなど職場環境を整える
支持的機能	スーパーバイジーの不安をやわらげ，効果的な支援ができるように支える
教育的機能	スーパーバイジーが専門職として支援するうえで必要な価値・知識・技術を伝える

出所：大谷京子・山口みほ編（2019）『スーパービジョンのはじめかた』ミネルヴァ書房，6頁をもとに筆者作成。

ザーとスーパービジョンを受ける人であるスーパーバイジーによって行われる（図9-4）。スーパービジョンには，管理的機能，支持的機能，教育的機能（表9-4）があり，職員の力量形成を通した実践の質の向上を目的としている。

5　福祉人材の育成とキャリアパス

　キャリアパスとは，自分が勤める組織において，仕事を続けると将来どのような職務や立場になるのか，そして，そのためにはどのようなスキルが必要であるか見通しをもつための道筋のことをいう。

　職員がキャリアアップのために必要となる基準や条件が明確なキャリアパスを確認することで，自分の仕事に対するモチベーションの維持や向上につながり，目標をもって意欲的に仕事に取り組むための仕組みである。

　図9-5は，キャリアパスのイメージであるが，OJT や OFF-JT，SDS を通した自己研鑽により，自分が将来的に組織内において責任ある立場に昇進するキャリアを表している。資格の取得や研修の受講はもちろん，獲得した知識と技術を専門的職務に還元することにより，より質の高い福祉サービスを提供することにつながるとともに，人事評価における適正な評価を通じてキャリアアップする道筋が設定されることは，安心して働くことのできる職場づくりに必要な取り組みといえる。

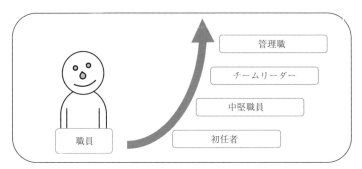

図 9-5 キャリアパス

出所：筆者作成。

参考文献

大谷京子・山口みほ編（2019）『スーパービジョンのはじめかた』ミネルヴァ書房。
上林憲雄ほか（2018）『経験から学ぶ人的資源管理　新版』有斐閣。
小松理佐子編（2018）『よくわかる社会福祉の「経営」』ミネルヴァ書房。
全国社会福祉協議会（2016）『改訂　福祉の「職場研修」マニュアル』全国社会福祉
　　協議会。
津田耕一（2011）『福祉職員研修ハンドブック』ミネルヴァ書房。
独立行政法人労働政策研究・研修機構（2019）「労働力需給の推計——労働力需給モ
　　デル（2018年度版）による将来推計」。
ドラッカー，P. F.／上田惇生訳（2008）『マネジメント（中）』ダイヤモンド社。
永田里香（2014）「福祉人材育成における職場研修の現状と今後のあり方に関する研
　　究——カリキュラムマネジメントによる職員の質的向上方策の検討を通して」立教
　　大学大学院コミュニティ福祉学研究科博士学位論文。

キーワード一覧表

☐　**OJT**　「On The Job Training」の略で企業や組織の中で実務に取り組みながら
　　行う育成方法のこと。　　　　　　　　　　　　　　　　　　　　　　140

☐　**OFF-JT**　「Off The Job Training」の略で企業や組織の職務を離れて受講する
　　研修のこと。　　　　　　　　　　　　　　　　　　　　　　　　　140

☐　**SDS**　「Self Development System」の略で自己啓発支援制度とも呼ばれてい
　　る。職場内自主学習会などへの支援，職場外のさまざまな研修への自主的参
　　加に対する支援をする制度のこと。　　　　　　　　　　　　　　141

- [ ] **スーパービジョン**　社会福祉専門職の人材育成に用いられる方法のこと。管理的機能，支持的機能，教育的機能があり，実践の質の向上を目的としている。
141
- [ ] **キャリアパス**　自分が勤める組織において，ある職位や職務につくまでに必要な知識や経験について見通しをもつための道筋のことをいう。　142
- [ ] **目標管理制度（MBO）**　「Management By Objective」の略で，職員が自ら目標を設定し進捗や実行を管理しながら自分の仕事を自分でマネジメントできるようにする仕組みのこと。　138

一問一答　　　　　　　　⇒○か×か，答えてみよう。解答は213，214頁を参照。

Q1　共感的な理解や受容を通して，ソーシャルワーカーを精神的に支える機能は支持的機能である。　　　　　　　　　　　　　　　　（　　）

Q2　人事評価におけるハロー効果とは，評価が標準・普通に集中することをいう。
（　　）

Q3　OJT は，作業遂行の過程で行う訓練方法のことである。　（　　）

Q4　目標管理制度で部下が目標を設定する際は，チームや組織の目標とは無関係に，部下の個人的な目標を設定するのが原則である。　　（　　）

Q5　キャリアパスとは，自分が勤める組織において，ある職位や職務につくまでに必要な知識や経験について見通しをもつための道筋のことをいう。（　　）

第10章

福祉サービスの労務管理に関する基礎理論

　労務管理は労働関係法と関連が深く，法律が改正するたびに，労務管理者は就業規則や雇用契約書などの内容を法律に合わせて変更しなければならない。そのため，常に労働関係法の施行期日を把握し，変更すべき具体的内容の理解も必要となる。よって，本章では，労働関係法と改正の内容が頻出し，理解が難しい部分もあるかもしれない。しかし，労務管理のためには，どれも重要な知識となる。なぜならば，労務管理者が理解し，適切な対応をとらなければ，古い法律に準じたままとなり場合によっては法律違反となってしまうからである。本章に出てくる法律は，労務管理に関連する重要な法律に絞っているが，特に基本となる労働基準法と労働安全衛生法については十分に理解できるよう努めよう。

1　労務管理の概要

（1）労務管理とは

　労務管理とは，職員の賃金や勤務時間，社会保険関係，労働環境の整備など，職員全員の労働に関わる事務や管理を行うことである。類似した部門として，人事や経理，総務があるが，いずれも業務上において関わりが多いため，法人によっては，人事・労務管理などのように，1部門で複数の業務を担当している場合もある。

　もう少し労務管理の内容を具体的に示すと，たとえば，雇用契約書の作成，法定三帳簿（表10-1）の作成と保管，賃金の計算，勤務（出勤・欠勤・有給休

表10-1　法定三帳簿

①	労働者名簿	氏名・生年月日などが記載された名簿。労働基準法において作成が義務づけられている。
②	賃金台帳	勤務日数，基本給などが記載された名簿であり，賃金を支払うたびに記載しなければならない。労働基準法において作成が義務づけられている。
③	出勤簿	労働基準法によって作成は義務づけられていないが，会社には労働時間の把握が義務づけられているため，出勤簿の作成は必要。

出所：筆者作成。

表10-2　福利厚生の内容

①	法定福利厚生	社会保険（健康保険・介護保険・雇用保険・労災保険・厚生年金保険），子ども・子育て拠出金など。
②	法定外福利厚生	食堂の設置，住宅手当・交通費・見舞金の支給，健康診断や人間ドック負担金の補助，特別休暇，短時間勤務制度など。

出所：筆者作成。

表10-3　安全衛生管理の内容

①	安全管理	労働者をさまざまな労働災害から守るための管理。労働災害を防止するためのマニュアルの作成と実施など。
②	衛生管理	労働者の健康を守るための管理。定期的な健康診断，メンタルヘルスやハラスメント対策の実施，有害物質から体を守るために作業環境を整えるなど。

出所：筆者作成。

暇など）の管理，健康保険や雇用保険など社会保険の手続き，福祉厚生（賃金に追加して提供される報酬やサービス）（表10-2）に関する業務，安全衛生管理（労働安全衛生法に定められた職員の身体や心の安全と健康の保持増進に必要な業務）（表10-3）などが挙げられる。

　福祉サービスを提供するさまざまな組織においても当然ながら労務管理は必要な業務である。入所施設の労務管理では，職員の勤務体制は早番・遅番・夜勤・当直など多岐にわたるため，勤務時間や日数などの管理は複雑になりがちである。また，対人支援サービスにおいては，緊急の対応が求められることもあり，突然の勤務変更や残業，休日出勤などもある。労務管理の担当者は，それらをしっかりと把握し，管理する必要がある。

（2）労務管理のはじまり

　組織の労働者を管理しようとする動きは，1900年代に入り，アメリカで見られるようになった。当時，1700年代後半に起きた産業革命以後，工場に大勢の労働者が集められて一緒に働く環境が広がっていた。経営者は自身の工場の利益を上げるため，多くの人を雇い，長時間にわたり労働をさせた。その際には，経営者が工場での統一的な作業手順を決めたり，工場の労働者と関わって，仕事環境を働きやすく改善するような動きはなく，現場のまとめ役の労働者に任せる形態が一般的であった。そのため，工場での作業は，まとめ役によって仕切られることで，まとめ役が異なるとまったく方法が変わったり，そもそも，まとめ役も個別の労働者にまで具体的な作業方法を指示はしなかったりなど，日々の成り行きに任せることもあり非効率的であった。まとめ役を通して労働者を働かせようとする経営者と，利益を増やすために給料が下げられてしまう労働者との関係は悪く，このような状況を改善しようと試みた者が，1900年代初頭に**科学的管理法**を生み出した，テイラー（F. W. Taylor）であった。

　テイラーは今まで現場のまとめ役に任せていた生産計画を現場と切り離し，計画を立案する部門を作るだけでなく，課業管理や作業研究といった管理方法を編み出した（表10‐4）。このようなテイラーの労働を管理する方法は，生産性が向上し，労働者の賃金も増えたことから，さまざまな労働の現場に取り入れられるようになった。また，設けたノルマが達成できることで高い賃金，ノルマが未達成の場合は低い賃金を支給するという**出来高払い**を採用することで，労働者が効率的に働こうとする意欲を引き出した。

　テイラーによる科学的管理法が提唱された以後は労働者の管理方法が注目されるようになり，1924年から1932年には，アメリカのホーソン工場において，生産性を向上させる条件を調査するための実験が行われた。ホーソン実験では，途中からハーバード大学のメイヨー（G. E. Mayo）やレスリスバーガー（F. J. Roethlisberger）らが加わり，照明の明暗，休憩時間の有無，賃金などの労働環境や条件を変えることで，生産性や品質がどのように変化するのか観察された。結果は事前予想に反して，労働環境や条件よりも，職場の人間関係が生産性や品質に影響を与えることがわかった。これらの結果から，メイヨーは，生産性

表10-4　テイラーが提唱した科学的管理法の原理

①　課業管理	課業とは，達成すべき作業量・ノルマのこと。人によって異なっていた作業手順や工具を統一し，誰もが同じ条件で働く方法を整え，現場の経験に任されていた生産量にノルマを設けることで，計画的に生産を管理できるようにした。ノルマを達成した場合には，成功報酬を提供し，未達成の場合は報酬を割り引いた。
②　作業研究	時間研究と動作研究の総称 • 時間研究 　平均的な労働者に作業を行わせて，その各作業をストップウォッチなどで測り，各作業に必要となる標準的時間を算出する。 • 動作研究 　作業に必要となる動作を細かく分解し，標準化することで最適で効率的な動作を編み出す。
③　作業管理のために最適な組織形態	現場のまとめ役に任せていた生産計画を現場から切り離し，他専門部署が計画の立案と実施を担う。

出所：筆者作成。

の向上には人間関係が影響するとして，人間関係論を唱えた。また，レスリスバーガーは，職場における縦割りの役職ではなく，同じ仲間であるという意識のグループ（非公式組織）の存在が生産性の向上に関係していることを主張した。

　このような科学的管理法やホーソン実験などを通して，生産性を上げるためには，工場における作業環境や労働条件などを整える必要があることが経営者に認識され，組織内で労務管理が行われるように変化した。また，労働者が働くうえでのさまざまな権利も認められるようになり，労働に関する法律が定められた。

2　労働法と労務管理

（1）労働三法

　労務管理は労働に関する法律に基づいて遂行される必要があるが，特に重要となる法律として労働三法が挙げられる。労働三法とは，労働者の基本的権利について定めた，労働基準法（労基法），労働組合法（労組法），労働関係調整法

表 10 - 5 労働三権（日本国憲法第28条で定められている労働者の権利）

団 結 権	団 体 交 渉 権	団 体 行 動 権
労働組合を作ったり，加入できる権利	労働組合が使用者と交渉する権利	労働条件などを改善するため，ストライキなどの団体行動で抗議する権利

出所：筆者作成。

（労調法）を指す。似ている言葉に労働三権があるが，これは「団結権」「団体交渉権」「団体行動権」という，労働者の権利を定めたものであり，労働三法とは異なる（表 10 - 5）。

（2）労働基準法

労働基準法は，賃金・労働時間・休憩・年次有給休暇・休業・就業規則など労働に関する最適基準を定めた法律である。同法第 9 条では，労働者を「職業の種類を問わず，事業又は事務所（中略）に使用される者で，賃金を支払われる者」と定めており，正規職員だけでなく，契約職員，パート，アルバイト，外国人も含まれる。福祉に関する職場にも，多様な形態の職員が雇用されており，2020（令和 2）年度「介護労働実態調査」（公益財団法人介護労働安定センター）によると，回答のあった事業所における労働者の就業形態は約 3 割が有期雇用であった。また，事業所のうち12%は派遣労働者を受け入れていた。有期雇用や派遣労働など，どのような雇用形態であろうとも労基法の対象となり，賃金や休暇などは労基法に定められた基準の適用を受ける。また，近年は，EPA（経済連携協定）により，フィリピン・ベトナム・インドネシアから多数の介護福祉士の候補生が来日し，日本の高齢者施設で働いているが，このような候補生も労基法の対象となる。

（3）労働組合法

労働組合法は，労働者が働きやすくなるよう使用者と対等の立場で交渉することを促進する法律である。主に，労働者が労働条件や環境の改善を行うために自主的に組織した労働組合に関して定められている。対象者は同法第 3 条に，

「職業の種類を問わず，賃金，給料その他これに準ずる収入によつて生活する者をいう」と定められており，労基法と異なって，失業者も含まれる。労基法より広い範囲が対象者となるものの，労働組合の組織率は減少傾向にあり，厚生労働省の2020（令和2）年「労働組合基礎調査」によると，2020（令和2）年の推定組織率は17.1％であった。産業別では，「医療・福祉」の推定組織率は6.2％であり，平均よりも低く，福祉領域においても労働に関する問題はあるものの労働組合は存在しない方が一般的だといえる。労働組合は，労働条件や環境改善に向けた使用者との交渉を行う団体であり，たとえば，サービス残業といわれるような賃金が支払われない労働などについて職員が経営者に支払いを求めて交渉をしようとしても，福祉領域では相談できる労働組合は自分の職場にはほとんどないことになる。その場合は，合同労働組合（ユニオン）と呼ばれる，どのような職業であろうとも加入できる，複数の組織によって結成された労働組合に加入することで，労働組合として経営者と交渉することができる。

（4）労働関係調整法と労働組合

　労働関係調整法は労働者と使用者間の争いを予防したり，解決するための手続きを定めた法律である。労使間の争いは労働争議と呼ばれ，労働争議には，労働組合が行う集団行動が伴う争議と，伴わない争議がある。また，集団行動（争議行為）には，ストライキ（同盟罷業）・サボタージュ（怠業）・ロックアウト（作業所閉鎖）などがある（図10-1）。

　労働組合は，ストライキなどの争議行為が発生した場合には，すぐに労働委員会（中央労働委員会，都道府県労働委員会）または都道府県に発生届けを提出しなければならない。なお，公共交通機関や水道・電気・ガス，医療などの公益事業に係る者が争議行為を行う場合には，発生後すぐにではなく，事前に労働委員会などへ通知しなければならない。また，公務員は労働組合を作ることはできるが，使用者である国や都道府県に対して労働争議を行うことはできない。よって，公益事業に関わらない，たとえば，特別養護老人ホームや障害者支援施設など福祉施設の労働組合は，ストライキなどを実施することができるが，

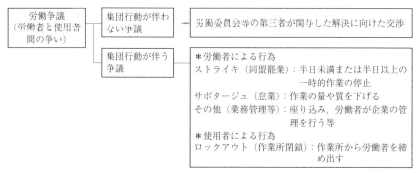

図 10 - 1　労働争議の種類と内容

出所：筆者作成。

実施した場合には利用者への支援が行えず，利用者の生活に支障をきたすため，福祉施設などの労働組合がストライキなどを実施することは少ない。近年，少ないながらも福祉施設などで実施される労働争議としては，人手不足による残業の増加や不払い労働，低賃金の改善を求めたストライキなどが見られる。

（5）労働関係法令

労働三法以外の労働関係法令として，労働契約法，雇用保険法，労働者派遣事業の適正な運営の確保及び派遣労働者の保護等に関する法律（労働者派遣法），**高年齢者等の雇用の安定等に関する法律**（高年齢者雇用安定法），**青少年の雇用の促進等に関する法律**（若者雇用促進法）などがある。いずれも労務管理を行ううえでは，事前に把握しておくべき法律であるが，本項では，うち三法を取り上げる。

　①　労働契約法

労働契約法は，**裁量労働制**などの労働形態や契約等の就業形態の多様化を受けて，労働者と使用者が個別に労働問題について争う事例が増えるようになり，これらの争いを解決するために2008（平成20）年から施行されている法律である。基本的原則として，次の5点が定められている。1点目は労働者と使用者は対等な立場であること，2点目は正規・非正規といった就業形態ではなく，実際の業務実態に合わせて契約は締結・変更されるべきこと，3点目は育児や

介護などの問題を考慮したうえで契約は締結・変更されるべきこと，4点目は，労働者および使用者ともに契約を守り，誠実に行動したうえで，権利を使用し義務を為すこと，5点目は労働者および使用者ともに権利を濫用しないことである。したがって，労務管理者は，これらの基本原則に基づいた労働契約書を作成しなければならない。

②　雇用保険法

雇用保険法とは，失業保険法をもとに制定された法律であり，労働者の生活と雇用の安定を目的としている。そのために，失業時や教育訓練を受けたときに定められた金額を給付し，失業の予防や労働者の能力開発などの事業を行う。労務管理者は，雇用保険に関する業務手続きを行うためには，どのような人が加入すべき対象者なのか，支給される給付金の種類などを把握しなければいけない。

③　労働者派遣法

労働者派遣法は，年々増加している派遣労働者をさまざまな労働トラブルから守るための法律である。派遣労働者は正職員と比較すると労働形態が不安定であり，職場における立場も弱くなるため，不当な労働環境や労働条件などのトラブルが発生しやすかった。そのため，労働者派遣法において，派遣労働者の雇用安定措置や派遣先職員との均等待遇の推進などが示された。近年は内容の改正が何度も行われており，2021（令和3）年4月からは，僻地の医療機関への看護師等の派遣と，社会福祉施設等への看護師の日雇い派遣が解禁された。社会福祉施設においては，従来から介護労働者の派遣は認められており，人材が集まりにくい施設においては重要な労働力であった。労働者派遣法の改正により，従来の介護労働者だけでなく，なかなか看護師が雇用できない福祉施設は，日雇いの派遣労働者として看護師を雇用できるようになり，さらに福祉現場における雇用の多様性が広がっている。

3　子育て・介護と労務管理

（1）育児・介護休業法の背景

　日本において少子・高齢化が進んでいることは周知の通りであるが，その進展速度はとても早く，高齢化率が7％から14％に到達するために，フランスは126年間，スウェーデンは85年間，アメリカは72年間を要しているが，日本は24年間であった。欧米と比較すると，日本は予想以上に速いスピードで高齢化が進み，日本の社会保障制度や人々の意識などが十分に対応することが難しかった。そのため，日本において少子・高齢化に関するさまざまな課題が出てきた。

　たとえば，日本の総人口は2009（平成21）年をピークとして減少しているが，そのなかでも生産年齢人口（15〜64歳）の割合が年々減少しているのに対し，老年人口（65歳以上）の割合は年々増加している（図10-2）。この傾向は，今後も進展することが予測されており，国立社会保障・人口問題研究所の2017（平成29）年の発表「日本の将来推計人口」によると，2065年には高齢化率は38.4％，国民の約2.6人に1人が65歳以上の高齢者になると推計されている。生産年齢人口が少なく，老年人口が多い社会では，社会保障制度の維持が難しく，誰もが活力に満ちた，安定した生活を送ることができる社会の維持ができなくなってしまう。そのため，少子・高齢社会に伴うさまざまな課題を改善するために，子育て世代や家族の看護・介護が必要になった人への支援策の一つとして，**育児休業，介護休業等育児又は家族介護を行う労働者の福祉に関する法律**（育児・介護休業法）が制定された。

（2）子育て支援

　出産を予定している女性は，労働基準法第65条により，申請することで出産予定日の6週間前から産前休暇，および産後は申請の有無にかかわらず8週間の産後休暇を取得することができる。また，育児・介護休業法により，1歳に満たない子どもを養育する男女労働者は，子どもが1歳（要件に該当すれば最長

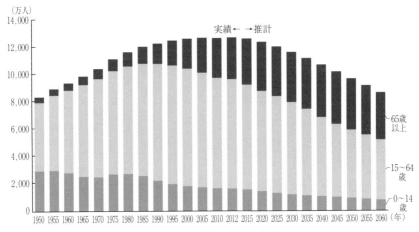

図10-2　高齢化の推移と推計

出所：2010年までは総務省の国勢調査，2012年は総務省「人口推計：（平成24年10月1日現在）」，2015年以降は国立社会保障・人口問題研究所「日本の将来推計人口（平成24年1月推計）」をもとに筆者作成。

2歳まで延長可能）になるまで**育児休業**を取得できる。産前・産後休業は，出産する女性であれば誰でも取得できるが，育児休業にはいくつか条件があり，同じ事業主に過去1年間以上雇用されていること，子どもが1歳を迎えた後も引き続き雇用されることが見込まれていること等がある。労務管理担当者は，これら産前・産後・育児休業が申請されたならば，取得希望者が対象者であるかどうか確認し，所定の手続きを行う必要があるが，労務管理担当者として対応および配慮すべき事項には，他にもさまざまなものがある。

　たとえば，妊娠している労働者から妊婦健康診査を受けるための時間確保が申請された場合には，妊娠週数に応じた受診が可能となるように時間を確保しなければならない。また，妊娠中の職場生活について，時間外労働，深夜業の制限，負担が軽減される業務への転換について申請があった場合には，対応が必要となる。関連して，経済的支援としては，**育児休業給付**があり，雇用保険の被保険者であることや，休業前の賃金の8割以上の額の賃金を継続して受け取っていないこと等の条件を満たしたものは，「休業開始時賃金日額×支給日数×67％」（休業開始6か月経過後は50％）の給付金を受け取ることができる。これらが申請された場合にも，労務管理担当者は申請者が対象かどうか確認し，

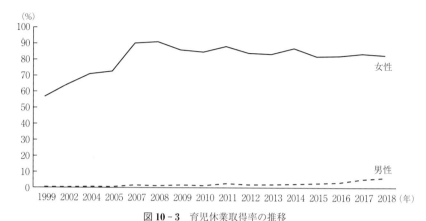

図 10 - 3　育児休業取得率の推移

出所：厚生労働省「雇用均等基本調査」をもとに筆者作成。2014年度調査においては，2014年10月 1 日から2015年 9 月30日までの 1 年間。2010年度及び2011年度の比率は，岩手県，宮城県及び福島県を除く全国。

所定の手続きをとらなければいけない。

　このように出産および育児のためにさまざまな施策が実施されているが，男女労働者の育児休業の取得率を見てみると，女性の取得率は高く，男性は極端に低い。1999（平成11）年の取得率は女性は54.4％，男性は0.4％であった。2018（平成30）年には男女ともに取得率は上がるものの，女性は82.2％であったのに対し，男性は6.2％であった（図10 - 3）。子育ては女性が休業し行っていることが浮き彫りになっており，少しでも男女ともに子育てしやすい環境を整えるため，近年は追加の子育て支援策も実施されている。2021（令和 3 ）年 4 月 1 日からは，段階的施行として，男性の育児休業取得促進のために分割取得（ 2 回）が認められ，休業の申し出期限が 1 か月前から 2 週間前までに変更された。また，有期雇用契約の労働者も取得できるように取得要件を緩和するなども実施されている。それゆえ，労務管理担当者はこのような法律改正を把握し，実務においては，どのように要件や手続きが変更されたのか，随時，理解しておかなければならない。

（ 3 ）家族の看護・介護のための休業

　育児・介護休業法では，育児に関することだけでなく，子どもの看護や家族

の介護のための休業についても定められている。

　看護休暇とは，労働者の子ども（小学校就学前）が病気やケガをした際に看護するために取得できる休暇である。幼児は急な発熱や体調不良が多く，親は子のために通院したり世話をしたりするため，当日，急遽仕事を休まなければならない場面がある。そのような場面に柔軟に対応し，育児と仕事の両立しやすい環境を整えるため，育児・介護休業法においては，子の看護について休暇が認められている。労働者１人につき，対象となる子どもの看護休暇は５日，子が２人以上で10日を年間上限とされている。現在は法律改正により，さらに看護休暇が申請しやすくなり，2021（令和３）年１月１日からは，時間単位ですべての労働者が取得できるようになった。なお，看護休暇は子どもの病気やケガだけでなく，予防接種や健康診断の受診の際にも取得することができる。

　看護休暇とは別に，要介護状態（身体上・精神上の障害や病気などにより，２週間以上の期間にわたり，常時介護が必要な状態）の家族を介護したり，介護の準備をするための休みとして，労働者は介護休業を取得することができる。対象となる家族とは，配偶者・父母・子ども・配偶者の父母・祖父母・兄弟姉妹・孫である。介護休業は自分が介護するだけでなく，市町村や地域包括支援センターに相談して介護サービスの手配をしたり，家族で介護の分担を決めたりする等，介護が必要になった家族の今後の方針を決める準備を行うための休みである。それにより，労働者が介護と仕事を両立し，継続的に就業できる環境づくりを支援する。対象家族１人につき，通算93日まで取得可能であり，３回まで分割して取得できる。賃金は原則無給となるが，条件を満たせば雇用保険の介護休業給付金を受け取ることもできる。

　労働者は家族介護のために介護休業だけでなく，介護休暇を取得することもできる。介護休暇とは，休業と同じく要介護状態の家族の介護や準備のための休みである。介護休業と異なる点は，対象家族１人につき５日間（対象家族が複数の場合は１年に10日）の休暇となること，また雇用保険の介護休業給付は申請できないこと等が挙げられる。休暇の申請は，雇用期間が６か月以上の全労働者であり，正職員だけでなく，パートやアルバイト，派遣の職員も申請できる。このような介護休暇は，突然に生じた家族の介護に対応するための休暇で

あり，半日または時間単位での取得も可能である。介護休業と介護休暇は対象者などで重なる部分もあり違いがわかりづらいが，労務管理担当者は差異をきちんと認識し，対応しなければいけない。

4　メンタルヘルスおよびハラスメント対策と労務管理

（1）メンタルヘルス対策とハラスメント対策の背景

　メンタルヘルスとは心の健康を指し，ハラスメントとは嫌がらせやいじめを指す。人は働くなかで鬱や不安障害などさまざまな精神疾患により心の健康が損なわれたり，職場におけるハラスメントにより強いストレスを受け，心が不調に陥ってしまうことがある。

　厚生労働省の2018（平成30）年の調査「労働安全衛生調査（実態調査）」によると，職業生活においてストレス等を感じる労働者の割合は58％であった。また，強いストレス等の原因は，「仕事の質・量」という回答が59.4％で最も高かった。よって，過半数の労働者は職業生活においてストレスを感じており，その原因は仕事内容によるものであると思われる。このような仕事におけるストレスは，精神障害の発症や自殺につながり，労働災害（以下，労災）となる場合がある。

　厚生労働省による調査「過労死等の労災補償状況」によると（図10‐4），年々，精神障害による労災の申請と認定件数が増加している。2001（平成13）年から2020（令和2）年の間に，請求件数は約8倍，認定件数は約9倍も増えている。

　2020（令和2）年度の精神障害の労災認定を出来事別に見てみると，一番多い出来事は「パワーハラスメント」で99件であり，上司などから受けた身体的・精神的攻撃が労働者のメンタルヘルスに大きな影響を与えていることがわかる。また，業種別に精神障害の労災支給認定件数を見てみると，医療・福祉（社会保険・社会福祉・介護事業）が79件で最も多く，医療・福祉の領域は，メンタルヘルスの維持が難しい状況であり，最も対策が必要とされている業種だといえる。

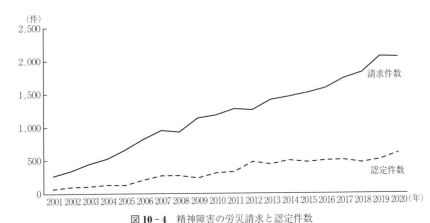

図10-4　精神障害の労災請求と認定件数

出所：厚生労働省「平成30年度　過労死等の労災補償状況」をもとに筆者作成。

（2）メンタルヘルス対策

　労働安全衛生法の第1条では，法律の目的を「職場における労働者の安全と健康を確保するとともに，快適な職場環境の形成を促進すること」と示しており，安全と健康には身体だけでなく心の健康も含まれている。2014（平成26）年の労働安全衛生法の改正では，新たに「**ストレスチェック制度**」が創設され，使用者はストレスチェックの実施と結果に基づく医師の面接指導などの取り組みが義務づけられた（労働者数50人以上の事業所）。また，厚生労働省から「労働者の心の健康の保持増進のための指針」が示されており，メンタルヘルスケアに関する問題点を解決するための計画を策定・実施することも義務づけられている。そこで示される「心の健康づくり計画で定めるべき事項」は下記の通りである。

① 事業者がメンタルヘルスケアを積極的に推進する旨の表明に関すること。
② 事業場における心の健康づくりの体制の整備に関すること。
③ 事業場における問題点の把握およびメンタルヘルスケアの実施に関すること。
④ メンタルヘルスケアを行うために必要な人材の確保および事業場外資源の活用に関すること。
⑤ 労働者の健康情報の保護に関すること。

⑥　心の健康づくり計画の実施状況の評価および計画の見直しに関すること。
⑦　その他労働者の心の健康づくりに必要な措置に関すること。

　留意事項として，人事労務管理との関係を挙げており，「労働者の心の健康は，職場配置，人事異動，職場の組織等の人事労務管理と密接に関係する要因によって，大きな影響を受ける。メンタルヘルスケアは，人事労務管理と連携しなければ，適切に進まない場合が多い」とされている。労務管理担当者はメンタルヘルスケアの推進においては重要な役割を担っているといえるだろう。

　2018（平成30）年には，さらに働きやすい職場を作り，仕事と家庭の両立が促進されるよう「働き方改革を推進するための関係法律の整備に関する法律」（働き方改革関連法）が成立した。これにより，労働基準法や労働安全衛生法等が改正され，長時間労働の制限や年次有給休暇の取得促進，**フレックスタイム制**の拡大などが盛り込まれた。また，メンタルヘルスの不調を未然に防いだり，適切に対応するため，産業医（労働者の健康を保持するための措置，健康管理等を行う医師）の活動環境の整備が定められ，産業医の機能が強化された。そのため，使用主は産業医が労働者の健康管理ができるように必要な情報を提供したり，労働者からの健康相談が受けやすい体制を組織のなかで作らなければならない。長時間労働者に対しては，労働者の申し出により，医師による個別面接を実施することが定められ，労働者のメンタルヘルスを維持し，悪化を防ぐ対策がとられている。

（3）ハラスメント対策

　ハラスメントには，いろいろな種類があるが，職場で起きやすいハラスメントとして，パワー・ハラスメント，セクシュアル・ハラスメント，マタニティ・ハラスメント，パタニティ・ハラスメントがある。ハラスメントには，わかりやすい身体的な攻撃だけでなく，精神的な嫌がらせも含まれ，本人にそのようなつもりはなかったとしても，相手や周囲の人が不快に感じた場合にはハラスメントとなる。ハラスメントという言葉が広がり，予防策がとられるようになった現在でもハラスメントは発生しており，厚生労働省が実施した「令

和元年度個別労働紛争解決制度の施行状況」によると，2019（令和元）年度の総合労働相談の件数は前年度より増えて，118万8340件であった。そのうち，民事上の個別労働紛争の内容を見てみると，最も多い内容が「いじめ・嫌がらせ」であった。この，「いじめ・嫌がらせ」の相談件数は，年々増加しており，2010（平成22）年度は約4万件であったが，2020（令和2）年度は約9万件であった。

　このようなハラスメントを防止するために，2019（令和元）年に「女性の職業生活における活躍の推進に関する法律等の一部を改正する法律」が成立し，それに伴い「労働施策の総合的な推進並びに労働者の雇用の安定及び職業生活の充実等に関する法律」（労働施策総合推進法）が改正された。労施策総合推進法は，パワハラ防止法とも呼ばれ，2020（令和2）年の改正によりパワー・ハラスメント対策が法制化された。使用者に対してパワハラ防止対策の設置が義務づけられ，パワハラ対策方針の明確化や組織内での周知が必要になった。そのため，使用主はパワハラ相談を受け，解決に向けた対応を行う体制を構築しなければならなくなった。これらの変更を受けて，労務管理担当者は就業規則を修正し，パワハラの定義や対策等に関する事についても記載する必要がある。

　なお，厚生労働省による「職場におけるハラスメント関係指針」によると，代表的なパワハラとして，①身体的な攻撃（暴行・障害），②精神的な攻撃（脅迫・名誉毀損・侮辱・ひどい暴言），③人間関係からの切り離し（隔離・仲間外し・無視），④過少な要求（業務上の合理性なく能力や経験とかけ離れた程度の低い仕事を命じることや仕事を与えないこと），⑤過大な要求（業務上明らかに不要なことや遂行不可能なことの強制・仕事の妨害），⑥個への侵害（私的なことに過度に立ち入ること）が挙げられている。

　セクシュアル・ハラスメントについては，雇用の分野における男女の均等な機会及び待遇の確保等に関する法律（男女雇用機会均等法）において，使用者に防止策を講じることが義務づけられている。一部改正により，2020（令和2）年からセクハラ防止対策が強化され，使用者はセクハラ禁止の方針を明確にし，周知・啓発を行うことを求められている。またセクハラの対象者の範囲として組織内だけでなく，利用者やその家族などに拡大などが実施された。セクハラ

表 10-6　ハラスメントの種類と内容例

種　類	内　容
パワー・ハラスメント	職務上の地位や権力を利用した嫌がらせ。上司から部下だけでなく，部下から上司に対して行われることもある。 （例：必要以上に長時間，部下を叱る。仕事を与えない等）
セクシュアル・ハラスメント	被害者の性的指向や性自認にかかわらず，性的な言動による嫌がらせ。女性から男性，同性同士のケースも珍しくない。 （例：相手の身体に勝手に触れる。性的な，からかいの言動をする等）
マタニティ・ハラスメント	妊娠・出産・育児に関する女性に向けた嫌がらせ。 （例：退職を促す，降格する，減給する等）
パタニティ・ハラスメント	子育てのために育児休業やフレックス勤務等を申請する男性に対する嫌がらせ。 （例：育児休業を認めない。育児休業後の男性に対し，不当に人事権を使い，転勤・異動・降格をさせる等）

出所：筆者作成。

が起きてしまったときには，事実確認のため協力者に不利益な取り扱いを行ってはいけないこと，相談体制の整備や事後の迅速な対応措置などについても盛り込まれた。そして，妊娠・出産・育児休業に関するハラスメントも男女雇用機会均等法や育児・介護休業法において，使用者に防止策を講じることが義務づけられているが，2020（令和2）年の改正により，さらに対応が強化された。相談したこと等を理由として，解雇など不利益な取り扱いの禁止が明文化された。このようにハラスメントの関連法を改正し，年々，誰もが働きやすい社会の構築が目指され，労務管理担当者はその一端を担っている。

参考文献

労務行政研究所編（2020）『労働法全書』労務行政。

キーワード一覧表

□　**科学的管理法**　テイラーの考案した，科学的な考えに基づいた生産の管理方法。
147

□　**出来高払い**　労働時間ではなく，生産量に応じて，賃金を支払う方法。　147

□　**高年齢者雇用安定法**　高年齢者の雇用の安定を目的とした法律。2021（令和

　　3）年施行の改正により，使用者は労働者が70歳まで就業できる機会の確保
　　のための対策を講じなければならない。　　　　　　　　　　　　　　　　151

□　**若者雇用促進法**　若者が適切な職に就けるよう支援する制度。　　　　151

□　**裁量労働制**　労働基準法に定められている，みなし労働の一つ。労働時間は労
　　働者の裁量に委ねられ，実際に働いた時間ではなく，契約した労働時間をも
　　とに給与が支払われる。　　　　　　　　　　　　　　　　　　　　　151

□　**ストレスチェック制度**　労働者が自分のストレス状態を調べる簡単な検査。労
　　働者50人以上の事業所は実施が義務づけられている。　　　　　　　　158

□　**フレックスタイム制**　決められた総労働時間内において，始業・終業の時間を
　　自分で決められる制度。　　　　　　　　　　　　　　　　　　　　　159

一問一答　　　　　　　　　⇒○か×か，答えてみよう。解答は214頁を参照。

Q1　法定三帳簿の作成は，労働者安全衛生法によって作成が義務づけられている。
　　　　　　　　　　　　　　　　　　　　　　　　　　　　　　（　　）

Q2　テイラーは，科学的管理法を提唱した。　　　　　　　　　　（　　）

Q3　労働三法とは，労働者の基本的権利について定めた，労働基準法，労働組合
　　法，労働関係調整法を指す。　　　　　　　　　　　　　　　　（　　）

Q4　パタニティ・ハラスメントとは，女性が妊娠・出産・育児に関して受ける嫌
　　がらせやいじめのことを指す。　　　　　　　　　　　　　　　（　　）

Q5　産前休業は，男女ともに取得できる。　　　　　　　　　　　（　　）

第11章

福祉サービスの会計・財務管理に関する基礎理論

　本章では，福祉サービスにおける会計の基本的な枠組みと財務管理について概説する。福祉サービスは利用者等に対して質の高いサービスを提供する必要がある。そのためにも福祉サービスの一部分を切り取って捉えるのではなく，法人等の組織全体を見通したうえで，財政面を含めた事業運営が適切かつ安定的に行われなければならない。その視点からここでは国が定める社会福祉法人等に対する会計基準について理解するとともに，行政による補助金や交付金，事業収入や寄付制度の仕組み，その他財源についての理解を図ることをねらいとする。

1　福祉サービスの会計の基本

（1）福祉サービスの実施組織と事業目的

　福祉サービスは，社会福祉関係諸法令に基づいて行われている。社会福祉法に定められる**社会福祉事業**（第一種および第二種）のほか，各々の福祉サービスは，そのサービスを必要とする利用者や地域住民等を対象とし，公益性と質の高い内容での実施が求められている。このため，各事業やサービスの事業では安定した運営をすることが重要であり，そのためにも福祉サービスの会計・財務管理については適切に行われる必要がある。

　福祉サービスの実施は，設置者や運営者で公営（行政機関）と民営（各法人等）により分けられる。近年では公設公営のほかにも，公設のうえで民間移管

される事業所，公設のうえで運営を民間組織等に委託される事象所（第三セクター方式を含む）など，多様な形態が含まれる。また，民営では社会福祉法に基づいた社会福祉法人のほか，公益法人，財団法人等や，特定非営利活動促進法に基づく特定非営利活動法人（NPO 法人）といった非営利組織のほか，営利組織（株式会社，有限会社等）も参入している。

　非営利組織とは，事業実施で営利を目的としない組織である。この場合の非営利とは，事業等収入から事業経費を差し引いた余剰金について何人にも配分しないことである。つまり，余剰金については今後の福祉サービスの維持や，その他の公益活動等に充当することとなる。一方の営利組織とは，事業実施を通して営利を目的とする組織である。たとえば株式会社であれば，事業実施にあたり自己資金や金融機関からの借入のほか，出資者や株主を募り資金調達を図る。事業実施後はこれらの原資金をもとに利益を拡大させていく。そうして事業で得られた利益の一部を出資者や株主等の権利を有する者に配当（還元）する仕組みで進められる。

（2）社会福祉法人における寄付制度

　社会福祉法人では，営利組織で行われる出資方式は取り入れられていない。それに代わり**寄付制度**が設けられている。寄付は，それぞれの法人組織の目的に賛同する個人や企業等から，寄付者の自由意思により募られる金品である。なお，寄付者には寄付をしたことでの権利が発生することはなく，また寄付による見返りや恩恵を受けることはできない。他方，社会福祉法人の目的は公益性や非営利性を目的に実施されていることから，寄付した個人や企業に対して，一定の**税制優遇**がなされることがある。個人については所得控除または税額控除のいずれかを選択，企業等については損金算入，特別損金算入などが可能である。

2　社会福祉事業における資金の確保

（1）補助金・交付金による財源

　多様な福祉サービスが存在するなかで，とりわけ公益性が高い社会福祉事業

表11-1　社会福祉施設に対する主な公的施設整備制度と目的

分　野	制度名	目　的
社会福祉全般	社会福祉施設等施設整備費国庫補助金	社会福祉法人等が整備する施設整備に要する費用の一部を補助することにより，施設入所者等の福祉の向上を図る
介護分野	地域医療介護総合確保基金	消費税増税分により，病床の機能分化・連携，在宅医療や介護サービスの充実，医療従事者の確保・養成等を図る
	地域介護・福祉空間整備等施設整備交付金	高齢者施設等の防災・減災対策を推進する施設および設備等の整備事業の実施により防災体制の強化を図る
児童分野	保育所等整備交付金	保育所等，保育所機能部分または小規模保育事業所の新設，修理，改造または整備に要する経費，防音壁の整備および防犯対策の強化に係る整備に要する費用の一部を補助することにより，保育所等待機児童の解消を図る
	次世代育成支援対策施設整備交付金	児童福祉施設等に係る施設整備について，都道府県・市区町村が作成する整備計画に基づく施設の整備を推進し，次世代育成支援対策の充実を図る
その他，各自治体等による補助金・交付金等の制度あり		

出所：各要綱等を参考に筆者作成。内容は2021年度現在のもの。

については，国および地方公共団体から，公費負担による補助金や交付金が実施されている。

　国による補助金・交付金の制度・施策の主な内容を示したものが表11-1である。これらの補助金・交付金は，それぞれの制度・施策の目的とする事業として認められた際，各制度・施策で定められる国および地方公共団体の負担割合に従って補助・交付されるものである。また，社会福祉施設の整備・運営のための費用負担については表11-2の通りである。

　その他，各自治体独自の補助金・交付金等が実施されている。

（2）民間からの収入等

　社会福祉法人等に対しては，先に示した通り法人に対する寄付金の実施のほ

表11-2　社会福祉施設の措置費（運営費・給付費）負担割合

施設種別	措置権者（※1）	入所先施設の区分	措置費支弁者（※1）	費用負担			
				国	都道府県指定都市中核市	市	町村
保護施設	知事・指定都市長・中核市長	都道府県立施設 市町村立施設	都道府県・指定都市・中核市	3/4	1/4	—	—
	市長（※2）	私設施設	市	3/4	—	1/4	—
老人福祉施設	市町村長	都道府県立施設 市町村立施設 私設施設	市町村	—	—	10/10（※4）	
婦人保護施設	知事	都道府県立施設 市町村立施設 私設施設	都道府県	5/10	5/10	—	—
児童福祉施設（※3）	知事・指定都市市長・児童相談所設置市市長	都道府県立施設 市町村立施設 私設施設	都道府県・指定都市・児童相談所設置市	1/2	1/2	—	—
母子生活支援施設 助産施設	市長（※2）	都道府県立施設	都道府県	1/2	1/2		
		市町村立施設 私設施設	市	1/2	1/4	1/4	—
	知事・指定都市市長・中核市市長	都道府県立施設 市町村立施設 私設施設	都道府県・指定都市・中核市	1/2	1/2	—	—
保育所 幼保連携型認定こども園 小規模保育事業（所）（※6）	市町村長	私設施設	市町村	1/2	1/4（※7）	1/4	
身体障害者社会参加支援施設（※5）	知事・指定都市市長・中核市市長	都道府県立施設 市町村立施設	都道府県・指定都市・中核市	5/10	5/10	—	—
	市町村長	私設施設	市町村	5/10	—	5/10	

※1. 母子生活支援施設，助産施設及び保育所は，児童福祉法が一部改正されたことに伴い，従来の措置（行政処分）がそれぞれ母子保護の実施，助産の実施及び保育の実施（公法上の利用契約関係）に改められた。

※2. 福祉事務所を設置している町村の長を含む。福祉事務所を設置している町村の長の場合，措置費支弁者及び費用負担は町村となり，負担割合は市の場合と同じ。

※3. 小規模住居型児童養育事業所，児童自立生活援助事業所を含み，保育所，母子生活支援施設，助産施設を除いた児童福祉施設。

※4. 老人福祉施設については，平成17年度より養護老人ホーム等保護費負担金が廃止・税源移譲されたことに伴い，措置費の費用負担は全て市町村（指定都市，中核市含む）において行っている。

※5. 改正前の身体障害者福祉法に基づく「身体障害者更生援護施設」は，障害者自立支援法の施行に伴い，平成18年10月より「身体障害者社会参加支援施設」となった。

※6. 子ども子育て関連三法により，平成27年4月1日より，幼保連携型認定こども園及び小規模保育事業も対象とされた。また，私立保育所を除く施設・事業に対しては利用者への施設型給付及び地域型保育給付（個人給付）を法定代理受領する形に改められた。

※7. 指定都市・中核市は除く。

出所：厚生労働省（2021）『令和3年版厚生労働白書　資料編』201頁。

か，主に市区町村や地区の社会福祉協議会などでは会員制度を設け，福祉活動への賛同による地域住民や企業等を対象とする会費収入等も財源として充てている。あわせて社会福祉法に定められている共同募金による配分金や，民間団体等により福祉活動を実施する事業者等に対して公募される助成金等なども設けられている。

（3）自己資金および融資制度

事業を実施する社会福祉法人等の事業者は，事業運営の安定性の確保の観点から，事業開始前に一定の資金等を準備しなければならない。その資金は，前述の公的助成金等だけでは十分に調達をすることは難しく，その場合は法人等の自己資金や自己努力による資金確保が必要である。自己努力による資金確保の代表的なものが，融資制度である。

福祉領域での公的融資は，独立行政法人福祉医療機構による**福祉貸付制度**が代表的である。この制度は，社会福祉法人等が負担しなければならない費用に対して融資し，社会福祉施設整備等の推進に寄与する役割を果たしている。主な福祉貸付制度は表11-3の通りである。その他にも各金融機関での融資を利用する事業者等もある。

（4）福祉サービス事業運営における財源

以前は社会福祉制度については公的責任による措置制度で行われていたが，福祉サービスの質の向上と利用者の権利擁護の観点等から1990年代の保育所における契約・利用への移行を契機として，2000（平成12）年に施行された介護保険制度，2003（平成15）年の障害者自立支援法による障害福祉サービスでの支援費制度導入により，一部の措置制度を残して，契約・利用制度を基本とした福祉サービスの実施体制へと変更されていった。現在は大半の福祉サービスが契約・利用制度により実施されている。そうして，社会福祉法人をはじめとした福祉サービス事業者は，利用者や対象者を対象に実施した福祉サービスの内容に基づき，利用者または実施主体（市町村などの行政機関）からの事業収入を得ている。各制度により仕組みの内容が一部異なる。以下に概説する。

表11 - 3　独立行政法人福祉医療機構による福祉貸付制度の概要

貸付資金		対象費用
建築資金・設備備品整備資金		
建築資金 （新築 改築 拡張 改造・修理 購入 賃借）	【建築工事費】 　大型設備等工事費，特殊工事費に該当しない一切の工事費（敷地造成工事（敷地の造成，整地，擁壁工事）を含む）	
	【大型設備等工事費】 　介護用リフト，自家発電設備，給水設備等の整備に要する費用	
	【特殊工事費】 ・解体撤去工事費（既存建物の解体，撤去工事の費用） ・仮設施設整備工事費（仮設施設の建築工事の費用）	
	【設計監理費】 　建物の設計および監理に要する費用	
	設備備品整備資金	機械器具，備品の購入，取付工事等に要する費用
土地取得資金		施設の用に供するための土地の取得に要する費用
経営資金		施設又は事業の経営に必要な資金

出所：独立行政法人福祉医療機構（2021）「2021年版福祉貸付事業融資のご案内」5頁をもとに筆者作成。

① 措置制度による事業収入

　措置制度の仕組みについては，第1章で述べた通りである。措置制度は法令に基づいて，保護や援護が必要な対象者に対して，社会福祉関係諸法令により行政措置（行政による処分）として実施されている。措置制度は入所型の児童福祉分野を中心に実施されているが，他の福祉分野においても同制度が残されている。措置が行われた際，措置権者が福祉サービスを実施する事業者に対して委託し，対象者への支援を行うものである。その受諾によって**措置委託費**が措置権者から支払われている。なお，社会福祉施設の措置費の負担割合については表11 - 4の通りである。

② 保育事業による収入

　保育委託費等の仕組みについては，第1章で述べた通りである。保育所（幼保連携型認定こども園の2号・3号利用，地域型保育を含む）は，小学校就学前の子どもの保護者が子どもの保育を必要とした際に，市町村に利用を申し込む。そのうえで実施主体である市町村が，個々の子どもおよび保護者の状況を勘案し

表11-4　社会福祉施設の整備，運営のための費用負担

設置主体＼費用負担者	国	都道府県（指定都市，中核市含む）	市町村	社会福祉法人等
社会福祉法人	$\frac{50}{100}$	$\frac{25}{100}$	—	$\frac{25}{100}$

出所：厚生労働省（2021）『令和3年版厚生労働白書　資料編』198頁。

て保育の必要量を認定，そのうえで保育所等の入所可否の判断が進められる。子どもの保護者は，市町村が認定した保育の必要量の範囲内で保育所を利用し，保育の利用料は市町村が徴収する。保育所等のサービス事業者は，市町村より保育費用の支払いを受けることとなる。このほか，同様の方式で母子保護制度や助産制度が実施されている。

　なお，子ども・子育て支援新制度の一つとして，2019（令和元）年10月から**幼児教育・保育の無償化**が実施されている。これは3歳から5歳の子どもと，0歳から2歳までの住民税非課税世帯の子どもについては，給付対象となる施設・事業所が実施する保育について子どもの保護者からの保育料の徴収は行われず，その費用については公費（国・都道府県・市町村の財源）から，市町村より事業者へ支給されている。

　③　介護保険事業による収入

　介護保険の仕組みについては，図11-1の通りである。介護が必要となった要介護認定を受けた被介護者は，その認定の範囲内において指定サービスを利用した際の利用料について利用者から事業者に支払い，利用者は市町村に対して一部自己負担金以外の差額を請求する方法がとられている。ただし，市町村は利用者への支給額を上限として，市町村より事業者に支払うことができる方式を設けている（**法定代理受領**という）。この場合，利用者は事業者に対して利用料の自己負担額のみ支払うこととなる。

　④　障害福祉サービス事業による収入

　障害福祉サービスの仕組みは，図11-2の通りである。現在は2013（平成25）年4月に施行された障害者総合支援法（以前の法律名は障害者自立支援法）により，「**介護給付費**」「**訓練等給付費**」として支給されている。利用者に対して，

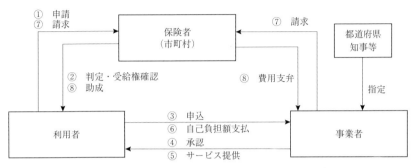

図 11 - 1　介護保険サービスと給付の仕組み

出所：厚生労働省（2013）「社会福祉の整備及び運営について」をもとに筆者作成。

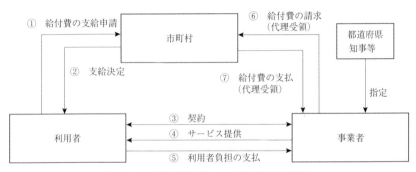

図 11 - 2　障害者福祉サービス等と給付の仕組み

出所：厚生労働省（2013）「社会福祉の整備及び運営について」をもとに筆者作成。

指定された福祉サービス利用時の利用料の一部自己負担との差額について市町村から支給される。ただし，介護保険制度と同様に，法的代理受領の方式が設けられている。

3　社会福祉法人における会計基準

（1）社会福祉法人会計の体系

　会計制度は，第二次世界大戦後に定められた企業会計制度の制定以降，企業における会計基準等が存在する。それは財務諸表規則（金融商品取引法）や，計

算書類規則（会社法）等の，各種法律等に定められている内容などである。

　社会福祉法人では，以前は当該法人が実施する事業の種類ごとにさまざまな会計ルールが併存していた。しかし，2012（平成24）年度から，法人全体の財務状況を明らかにし，経営分析を可能にするとともに，外部への情報公開をすることを目的に「社会福祉法人会計基準」に一元化された（完全移行は2015年度より）。

　会計処理については，社会福祉法において「社会福祉法人は，厚生労働省令で定める基準に従い，会計処理を行わなければならない」（第45条の23）と規定されている。あわせて社会福祉法人の会計年度は，4月1日から翌年3月31日までとされている。

　同法の条文に掲げられる厚生労働省令とは**社会福祉法人会計基準**（平成28年厚生労働省令第79号）（以下，会計基準省令）として2016（平成28）年に制定されたものである。次は第1章総則からの抜粋である。

　（社会福祉法人会計の基準）
第1条　社会福祉法人は，この省令で定めるところに従い，会計処理を行い，会計
　　帳簿，計算書類（貸借対照表及び収支計算書をいう），その附属明細書及び財産
　　目録を作成しなければならない。
　2　社会福祉法人は，この省令に定めるもののほか，一般に公正妥当と認められ
　　る社会福祉法人会計の慣行を斟酌しなければならない。
　3　この省令の規定は，社会福祉法人が行う全ての事業に関する会計に適用する。
　（会計原則）
第2条　社会福祉法人は，次に掲げる原則に従って，会計処理を行い，計算書類及
　びその附属明細書並びに財産目録を作成しなければならない。
　　一　計算書類は，資金収支及び純資産の増減の状況並びに資産，負債及び純資
　　　産の状態に関する真実な内容を明瞭に表示すること。
　　二　計算書類は，正規の簿記の原則に従って正しく記帳された会計帳簿に基づ
　　　いて作成すること。
　　三　採用する会計処理の原則及び手続並びに計算書類の表示方法については，
　　　毎会計年度継続して適用し，みだりにこれを変更しないこと。
　　四　重要性の乏しいものについては，会計処理の原則及び手続並びに計算書類
　　　の表示方法の適用に際して，本来の厳密な方法によらず，他の簡便な方法に
　　　よることができること。

　これによれば，会計基準省令に従って会計処理を行うとともに，会計帳簿，計算書類（貸借対照表，収支計算書），その附属明細書，財産目録を作成しなければならないとされている（第1条）。

（2）社会福祉法人会計の2つの原則

　会計基準省令第2条では「計算書類は，資金収支及び純資産の増減の状況並びに資産，負債及び純資産の状態に関する<u>真実な内容</u>を<u>明瞭に表示すること</u>」（下線筆者）と示されている。この条文下線部分の前者が「**真実性の原則**」，後者が「**明瞭性の原則**」といわれている。

　真実性の原則について，会計慣行で真実とは「**相対性真実**」を意味している。これは企業会計処理等で行われる一般の会計慣行の範囲内に収まっている場合に限り，その一定の範囲内の事象をすべて真実として捉えるということである。

　明瞭性の原則とは，会計情報を必要とする者（利害関係者等）が，必要な情報を適切に獲得することができるように，表示区分や勘定科目，表示情報の配列などを工夫するなど，見やすく，理解しやすいようにすることなどである。一方で会計基準省令に定められるルールから逸脱するような内容となればこれらの原則に反するものとされるため，あくまでも会計基準省令に基づいた内容とすることが求められる。

（3）社会福祉法人の年度決算

　社会福祉法において，社会福祉法人は毎会計年度終了後3か月以内に，各会計年度に係る計算書類（貸借対照表，収支計算書），事業報告とその附属明細書を作成しなければならないとされている（第45条の27第2項）。なお，作成された計算書類とこれらの附属明細書は作成したときから10年間保存しなければならないとされている（同条第4項）。

　そうして作成された計算書類や事業報告，これらの附属明細書は，会計基準省令で定めにより，監事の監査を受けなければならない（同法第45条の28）。また，会計監査人を設置する社会福祉法人では，会計基準省令の定めにより，計算書類とその附属明細書については監事および会計監査人が，事業報告とその

附属明細書については監事の監査を受けなければならない（同条第2項）。これらの監査済み計算書類と事業報告，これらの附属明細書については理事会の承認を経て，定時評議員会の日の2週間前の日から5年間，主たる事務所に備え置くとともに，計算書類については定時評議員の承認または報告を受けなければならない（同法第45条の30から同条32）。

（4）資金収支計算書

　資金収支計算書とは，支払資金の1年間の動きを収入と支出に分けて記載した計算書類である。支払収支計算書は，会計基準省令において「事業活動による収支」（経常的な事業活動での収入・収支から構成），「施設整備等による収支」（設備投資活動での収入・収支から構成），「その他の活動による収支」（財務活動での収入・支出のほか，事業活動および施設整備のいずれにも属さない収入・支出から構成）に区分されている。法人単位の資金収支計算書の様式は会計基準省令で示されている（図11-3，図11-4）。

（5）活動計算書

　活動計算書は会計基準省令で「当該会計年度における全ての純資産の増減の内容を明瞭に表示するもの」（第19条）と定めている。

　そして事業の活動計算は，当該会計年度における純資産の増減に基づいて行うものとされている（同第20条）。これらの事業活動計算を行うにあたっては，事業区分，拠点区分またはサービス区分ごとに，複数の区分に共通する収益および費用を，合理的な基準に基づいて当該区分に配分するものとされている（同条第2項）。

（6）貸借対照表

　貸借対照表は会計基準省令で「当該会計年度末現在における全ての資産，負債及び純資産の状態を明瞭に表示するもの」（第25条）と定められている。そして貸借対照表について同省令第26条で，「資産の部」「負債の部」「純資産の部」に区分することとされている。さらに資産の部は流動資産および固定資産に，

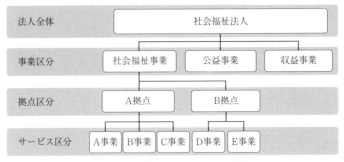

図 11-3　計算書類作成における実施事業の区分

出所：厚生労働省「会計基準の構成と作成する計算書類等について」（https://www.mhlw.go.jp/seisakunitsuite/bunya/hukushi_kaigo/seikatsuhogo/shakai-fukushi-houjin-seido/dl/03-01.pdf　2021年7月24日閲覧）。

	資金収支計算書	事業活動計算書	貸借対照表	備　考
法人全体	法人単位資金収支計算書	法人単位事業活動計算書	法人単位貸借対照表	
法人全体（事業区分別）	○○資金収支内訳表	○○事業活動内訳表	○○貸借対照表内訳表	左記様式では事業区分間の内部取引消去を行う
事業区分（拠点区分別）	◎事業区分資金収支内訳表	◎事業区分事業活動内訳表	◎事業区分貸借対照表内訳表	左記様式では拠点区分間の内部取引消去を行う
拠点区分（一つの拠点を表示）	拠点区分資金収支計算書	拠点区分事業活動計算書	拠点区分貸借対照表	
サービス区分	☆拠点区分収支資金収支明細書	☆拠点区分事業活動明細書		各明細書ではサービス区分間の内部取引消去を行う

図 11-4　社会福祉法人が作成する計算書類

注：法人の事務負担軽減のため，以下の場合は財務諸表及び基準別紙の作成を省略できるものとする。
1. ○印の様式は，事業区分が社会福祉事業のみの法人の場合省略できる。
2. ◎印の様式は，拠点が1つの法人の場合省略できる。
3. ☆印の様式は，附属明細書として作成するが，その拠点で実施する事業の種類に応じていずれか一つを省略できる。
なお，サービス区分が一つの法人の場合はいずれも省略できる。
出所：厚生労働省「会計基準の構成と作成する計算書類等について」（https://www.mhlw.go.jp/seisakunitsuite/bunya/hukushi_kaigo/seikatsuhogo/shakai-fukushi-houjin-seido/dl/03-01.pdf　2021年7月24日閲覧）。

負債の部は流動負債および固定負債に区分しなければならないとされている。

そうして純資産の部は，基本金，国庫補助金等特別積立金，その他の積立金，

次期繰越活動増減差額に区分するものと示している（同条第2項）。

　資産の部では，事業の運営に必要な土地や建物，現金や預貯金が含まれ，このうち金額で表示することができるものが「資産」（流動資産と固定資産に区分）とされている。

　負債の部では，借入金や未払金のほか，将来的に金銭の支払い等が発生する債務が含まれ，これらの債務が「負債」とされている。

　純資産の部では，上記の資産から負債を差し引いたものが「純資産」として計上される。

4　福祉サービスにおける財務管理

　社会福祉事業をはじめとした福祉サービスにおける**財務管理**は，年度等の時限的な会計状況だけでなく，将来的・継続的に安定した財政基盤に基づいた事業実施を行うためにも重要なものである。前節までに示した通り，事業を実施するには資金が必要であり，自己資金や事業収入等が不足する場合は，融資等の借入金なども活用していくことが必要である。

　一方で計画性や将来の見通しのないまま借入金などの負債が増え続けると，事業自体も圧迫や制限がなされることも懸念され，福祉サービスの質の低下のみならず最悪の場合は経営破綻に陥ることも十分に考えられる。そのような状況となると事業者のみならず，利用者への直接的な不利益となることから，福祉サービス事業者として，適切な財務管理を進める必要がある。

　これらを踏まえ，社会福祉法人の運営の透明性の確保や国民に対する説明責任を果たすことが求められている。このことから国は2017（平成29）年から「社会福祉法人の財務諸表等開示システム」を本格導入し，独立行政法人福祉医療機構ホームページ（WAM NET）において，全国の社会福祉法人に関する財務諸表をはじめとした現況報告等の情報を公表している。

　独立行政法人福祉医療機構の調べによる2019（令和元）年度の社会福祉法人の経営分析参考指標は表11-5である。全国の社会福祉法人の収益で最も多い区分は「介護保険事業収益」で，全体の半数を超えている。また費用（支出）

表 11 - 5　収支の状況

区　分			単位	2019年度
社会福祉法人数			法人	8,386
1法人当たり従事者数			人	111.1
収支の状況	収益	総収益構成比	サービス活動収益　%	95.6
			サービス活動外収益　%	1.0
			特別収益　%	3.5
		サービス活動収益構成比	介護保険事業収益　%	52.9
			老人福祉事業収益　%	3.0
			児童福祉事業収益　%	2.5
			保育事業収益　%	21.2
			就労支援事業収益　%	0.9
			障害福祉サービス等事業収益　%	15.2
			生活保護事業収益　%	0.5
			医療事業収益　%	2.5
			その他収益　%	1.5
	費用	サービス活動収益に対するサービス活動費用の割合	人件費　%	67.3
			経費　%	23.9
			事業費　%	13.4
			事務費　%	10.5
			減価償却費　%	4.8
			その他　%	1.1
			計　%	97.1

出所：独立行政法人福祉医療機構「社会福祉法人経営分析参考指標
（2019 年 度 決 算 分）」（https://www. wam. go. jp/hp/wp-content/
uploads/2019_shahuku_kakutei.pdf　2021年 7 月24日閲覧）より筆
者作成。

で最も多い区分は人件費となっている。

　同じく福祉医療機構による経営指標は表11 - 6である。経営状況を安定化さ
せるためには，表にある経営指標をもとにした経営効率化や経営資源の配分バ
ランスが重要である。

表 11 6　社会福祉法人の経営指標

		経営指標	算　式	説　明
費用の適正性	1	人件費率	人件費÷サービス活動収益	サービス活動収益に対する人件費の占める割合を示す指標です。 本指標の値が低いほど収益に対する費用の負担は軽くなります。ただし，良質なサービスを提供する上では適切な値に留めることも重要です。
	2	経費率	経費※1÷サービス活動収益	サービス活動収益に対する経費の占める割合を示す指標です。 本指標の値が低いほど収益に対する費用の負担は軽くなります。ただし，良質なサービスを提供する上では適切な値に留めることも重要です。
	3	減価償却費率	(減価償却費＋国庫補助金等特別積立金取崩額［マイナス値］)÷サービス活動収益	サービス活動収益に対する減価償却費の占める割合を示す指標です。 本指標の値が低いほど収益に対する費用の負担は軽くなります。ただし，良質なサービスを提供する上では適切な値に留めることも重要です。
	4	従事者1人当たり人件費	人件費÷年間平均従事者数※2	従事者1人にかかる平均人件費から給与水準を示す指標です。 本指標の値が小さいほど費用削減に寄与することになります。ただし，良質なサービスを提供する上では適切な値に留めることも重要です。
	5	経常収益対支払利息率	支払利息÷経常収益	経常収益に対する支払利息の占める割合を示す指標です。 本指標の値が低いほど収益に対する費用の負担は軽くなります。
生産性	6	従事者1人当たりサービス活動収益	サービス活動収益÷年間平均従事者数※2	従事者1人当たりどの程度のサービス活動収益を得ているかを判断する指標です。 本指標の値が大きいほど職員の収益獲得力が高いことから収益増加あるいは費用削減に寄与することになります。
	7	労働生産性	付加価値額※3÷年間平均従事者数※2	従事者1人がどれだけの付加価値を生み出したかを示す指標です。 本指標の値が高いほど，各々の従事者が効率よく価値を生み出し，円滑な運営管理が行われているといえます。
	8	労働分配率	人件費÷付加価値額※3	付加価値が人件費にどれだけ分配されているかを判断する指標です。 本指標の値が低いほど増減差額の割合は高まります。ただし，良質なサービスを提供する上では適切な値に留めることも重要です。
収益性	9	サービス活動収益対サービス活動増減額比率	サービス活動増減差額÷サービス活動収益	本業であるサービス活動収益から得られた増減差額を示す指標です。 本指標の値が高いほど収益性が高い事業といえます。
	10	経常収益対経常増減差額比率	経常増減差額÷経常収益	本業であるサービス活動収益に受取利息等を加えた，法人に通常発生している収益から得られた増減差額を示す指標です。 本指標の値が高いほど収益性が高い事業といえます。

出所：独立行政法人福祉医療機構「社会福祉法人経営分析参考指標（2019年度決算分）」(https://www.wam.go.jp/hp/wp-content/uploads/2019_shahuku_kakutei.pdf　2021年7月24日閲覧）より筆者作成。

参考文献

社会福祉士養成講座編集委員会編（2017）『福祉サービスの組織と経営（第5版）』中央法規出版，224〜256頁。

『社会福祉学習双書』編集委員会編（2021）『福祉サービスの組織と経営』全国社会福祉協議会，227〜253頁。

日本ソーシャルワーク教育学校連盟編（2021）『福祉サービスの組織と経営』中央法規出版，166〜188頁。

宮田裕司編（2021）『社会福祉施設経営管理論2021』全国社会福祉協議会，328〜350頁。

キーワード一覧表

☐ **非営利組織**　事業実施で営利を目的としない組織。この場合の非営利とは，事業等収入から事業経費を差し引いた余剰金について何人にも配分しないこと。

164

☐ **寄付**　それぞれの法人組織の目的に賛同する個人や企業等から，寄付者の自由意思により募られる金品。社会福祉法人へ寄付した個人や企業に対して，一定の税制優遇がなされることがある。

164

☐ **法定代理受領**　利用者に代わり，行政へ代理に利用料を申請する仕組み。福祉領域では介護保険や障害福祉サービスで実施されており，市町村は利用者への支給額を上限として，市町村より事業者に支払うことができる方式。 169

☐ **資金収支計算書**　支払資金の1年間の動きを収入と支出に分けて記載した計算書類。会計基準省令において「事業活動による収支」「施設整備等による収支」「その他の活動による収支」に区分することとされている。 173

☐ **貸借対照表**　当該会計年度末現在におけるすべての資産，負債および純資産の状態を明瞭に表示するもの。会計基準省令で「資産の部」「負債の部」「純資産の部」に区分することとされている。 173

一問一答　　　　　　　　⇒○か×か，答えてみよう。解答は214頁を参照。

Q1　社会福祉法人では，利用者や賛同者から出資金を募り，資金調達を行っている。　　　　　　　　　　　　　　　　　　　　　　　　　（　　）

Q2　国が定める補助金・交付金では，各制度・施策で定められた国および地方公共団体の負担割合に従って補助・交付される。　　　　　　　　（　　）

Q3　社会福祉法人では，当該法人の会計に対する歴史的な認識が異なることから，現在では法人ごとに定めた事業の種類ごとに定められた会計ルールに則って会計処理がなされている。　　　　　　　　　　　　　　　　　　（　　）

Q4　社会福祉法人では，社会福祉法に基づいて毎会計年度終了後6か月以内に，各会計年度の計算書類を作成しなければならない。　　　　　　　（　　）

Q5　社会福祉法人における会計は，「真実性の原則」と「明瞭性の原則」に基づいて処理されなければならない。　　　　　　　　　　　　　　　　（　　）

Q6　社会福祉法人の運営の透明性の確保や国民に対する説明責任を果たすことが求められていることから，国は「社会福祉法人の財務諸表等電子開示システム」を導入している。　　　　　　　　　　　　　　　　　　　（　　）

第IV部

福祉サービスの実際と課題

第12章

福祉サービスにおける人材育成の実際

　本章では，福祉サービスを提供する現場においてどのような人材育成が行われているのかについて述べていく。職員研修にはどのような形式のものがあるのか，PDCA サイクルを利用して人材育成をするとはどういうことなのか，知識・技術の習得だけで仕事ができるわけでなく，対人援助職だからこそ感じることも多いとされるクライエントへの葛藤，自分自身への葛藤や不満，他のスタッフとの人間関係の軋轢や援助観の相違にスーパービジョンがどのように展開されるのかについてみていく。

1　キャリアを重ねる

　「福祉現場における離職率は高いんでしょう」と聞かれることがある。それは，本当だろうか。社会福祉士の離職率という統計ではないが，「医療福祉産業」における離職率からそれを垣間見ることができる。2019（令和元）年の医療福祉産業分野の 3 年以内の離職率は38.4％と報告されている。ここには，医師，看護師，薬剤師，社会福祉士，介護福祉士などの専門職が含まれている。しかし，これらの専門職は今の職場を退職し，新たな職場に転職した場合にも，再び同じ専門職として仕事することが多い。つまり，専門職といわれる仕事は，転職が**キャリア**を重ねていくことになるのである。

　キャリアを重ねていくなかで，新たな資格を取得しながら，より専門性を高めていくこともできる。たとえば，社会福祉士の資格をもつ職員が社会福祉法人で相談援助業務を行っており，介護支援専門員の資格取得を目指していると

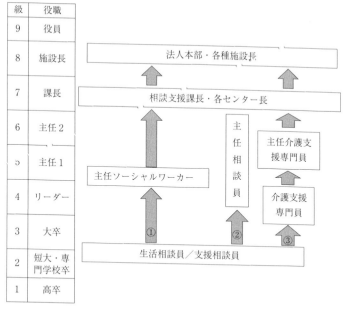

図12-1　ソーシャルワーカーのキャリアパスの一例
出所：筆者作成。

する。法人では，この資格をすでに取得している職員が勉強会を開催するなど
して，働きながら勉強する負担を減らし，合格をサポートする。また，介護福
祉士の資格取得を目指している人が，そのステップとして実務者研修を受講す
るために，法人が研修費用を全額負担するという形でサポートしているところ
もある。

　また，規模の大きい法人では**キャリアパス**制度を設けており，自分がどのよ
うな将来を描きたいのかを考えられるようにわかりやすく体系化している。図
12-1は大学でソーシャルワークを学び高齢者施設に相談員として入職した人
のキャリアパスの例である。この施設では，入職後に①から③の3つのキャリ
アパスがあることがわかる。①では，生活相談員／支援相談員として働きはじ
めたのちに，主任ソーシャルワーカーとして，地域包括支援センターや在宅部
門で活躍する。やがて，相談支援課長や地域包括支援センターのセンター長な

どの役職に就き，最終的には施設長や法人本部で施設全体を運営管理する立場で活躍していく。②は，生活相談員／支援相談員として働きはじめたのちに主任相談員として相談員のポジションで専門性を極めていくというキャリアである。③は，生活相談員／支援相談員を経て，介護支援専門員の資格を取得し，介護支援専門員としてキャリアを積んでいく。やがて主任介護支援専門員の資格も取得し，地域全体の実践力の向上や地域の介護支援専門員の支援も行う立場となっていく。そして，相談支援課長や地域包括支援センターのセンター長などの役職に就き，最終的に施設長や法人本部で施設全体のマネジメントをしていく立場となる。

　さらに，級と役職が職員にとってわかりやすく提示されていることによって，自分が入職時にどの級からはじまるのかがわかりやすい。このようにキャリアを見える化していくことが法人側にも求められている。

2　福祉現場で活用されている多様な人材育成の方法

（1）多様な背景をもつ専門職集団の人材育成

　私たちが働こうとしている福祉現場は，多くの専門職により成り立っている。社会福祉士が名称独占の資格であるため，必ずしもソーシャルワーカーとして働いている者が社会福祉士とは限らないのが現状である。ソーシャルワーク機能を用いて仕事をしているために「ソーシャルワーカー」と名乗っている人たちもいる。特に社会福祉士が必置となっていない福祉現場においては，これらのことは顕著である。たとえば，A高齢者福祉施設では，生活相談員職に就いている人が「介護福祉士」の資格をもつベテランの職員であることもある。B児童養護施設では，児童家庭支援専門員（ファミリーソーシャルワーカー）として働いている職員が5年以上の経験をもつ「保育士」であることも稀ではない。C病院では，医療ソーシャルワーカーとして入院患者の支援をしているのが，病棟の看護師として20年の経験のある職員の場合もある。

　このような取得資格と職務の関係性が完全一致しないことは，介護施設，児童養護施設，障害者施設だけでなく，市町村の福祉事務所などでも同様である。

そのなかで人材育成をしていくためには，OJT，OFF-JT，SDS だけでなく，スーパービジョンなども積極的に活用していきたいところである。

　人材育成をしていくためには，「どのような人材を育てていきたいのか」というビジョンが必要となる。そうしなければ，研修の組み立て，内容，開催の頻度などの計画が立てられない。さらに，組織のなかでは直接的にクライエントの支援をする福祉現場の研修ニーズだけでなく，経営側のニーズ，組織としてのニーズ，一個人のニーズなどがあるため，さまざまな側面から研修ニーズを捉えていくことが必要となる。では，OFF-JT としての研修はどのようなことがあるのだろうか。たとえば，法人内研修といわれるものでは，**階層別研修**が行われている。新人職員，中堅職員，リーダー層，主任などの役職者といった階層ごとに研修を設定することにより，その層に必要とされる研修を行っている。また，**職能別研修**というものもある。職能別研修には，現場の職員（日々，クライエントに対峙している人たち）と事務職を対象にしたものに分けられる。

（2）人材育成の方法

　実際に研修以外に行われている人材育成にはどのようなものがあるのだろうか。ここでは 2 つの方法を紹介する。

　① プリセプター制度

　プリセプター制度は，新人職員が実務経験のある先輩職員に 1 対 1 で指導を受けるものである。これは，OJT の具体的方法のうちの一つと位置づけられ，1980年代から主に看護師の新人教育で用いられるようになったものである。もう少しさかのぼってみれば，もともとアメリカにおいて臨床医の養成のために行われた研修制度である。のちに介護現場など多くの同職種が雇用されている職場で取り入れられるようになってきている。プリセプター制度は，プリセプターシップと呼ばれる場合もある。この制度では新人職員をプリセプティといい，先輩職員をプリセプターという。プリセプターは，入職 3 〜 4 年の職員が担当する。

　プリセプターの言葉には，「指導する」「教師」という意味がある。プリセプ

表 12-1　プリセプター制度の特徴

	導入のプラス面	導入のマイナス面
プリセプティ	a) 職場の具体的な技術をマンツーマンで指導してもらえるためリアリティーショックを緩和できる。 b) 相談相手が身近にいるため，相談しやすく不安が軽減する。 c) 年代が近く新人の心理を理解してもらいやすいため生活上の支援も受けやすい。 d) 各段階の目標がはっきりしているため新人が安心しやすい。 e) 退職への動機を軽減できる。	a) 指導者が固定するためにプリセプターの価値観・技術力に影響される。 b) 新人とプリセプターの関係がプライベートな部分まで密になりすぎ，馴れ合いの関係になりやすい。 c) プリセプター教育が不十分な場合は，かえって悪い影響が新人に伝わる。 d) 業務，教育上の問題は個人の生活や能力に関することが多く，会議などで公表されるとプリセプティの心が傷つく。
プリセプター	a) プリセプターに強い責任感が生じ，新人の期待に応えようと努力する。 b) プリセプターは新人の指導を通してリーダーシップを発揮し，リーダーとして成長できる。 c) 新人指導計画が明示されるため職場内の協力が得やすい。 d) 指導者が1人なため指導に一貫性・継続性がたもてる。	a) プリセプターの業務がオーバーワークになり，プリセプターへの全社的な支援体制がないと，プリセプターの負担が増大し，やる気を減退させる。 b) 新人の落ち度を指摘されるとプリセプターが非難されたと思い，落ち込んだり感情的になり，自信喪失につながる。 c) プリセプターになれなかった人がプリセプターに協力せず，職場の雰囲気が悪くなる。
管理者	a) 管理者が新人教育に関わる時間を軽減できる。 b) プリセプターを通して新人の状況を把握できるため的確なアドバイスができる。 c) 指導計画書によって指導ニーズが的確に把握でき，問題解決がしやすい。 d) 先輩による新人イジメを防げる。 e) プリセプターと管理者のコミュニケーションが増えるので，信頼関係を築きやすい。 f) 将来の幹部候補を育成できる。	a) ペアリングがうまくいかないと，逆効果になって新人が退職する。 b) 新人指導計画書をプリセプターと一緒に作成しないと，プリセプターシップの理解ができずにやる気を失わせる。 c) プリセプターの事前教育を行い，作業マニュアルなどの整備がないと，プリセプターが統一した指導ができずうまくいかない。 d) プリセプターへの肯定的評価を定期的に行い，動機づけないと，プリセプターの意欲が継続しない。

出所：河内正広（2004）『ケアワーカーの教育研修体系』学文社，67頁を一部改変。

ター制度は入職後，数か月〜1年間行われ，実務（仕事内容を理解し，できるようになる）の修得とメンタルケアを目的にしている。プリセプターは，プリセプティに単に仕事を教え込むのではなく，意図的，計画的，継続的に教えていく。そして，プリセプターにとっても教育的な側面がある。プリセプティを指

導することによって，自らの知識や技術のレベルを確認して，新たな課題に気づくこともできるからである。プリセプター制度のプラス面とマイナス面については，表12‐1に示す通りである。

②　ブラザー・シスター制度

ブラザー・シスター制度とは，新人職員と同じフロアーや職種の先輩職員を兄（ブラザー）や姉（シスター）と位置づけて，新人職員一人ひとりに仕事の進め方や業務，社会生活における不安や悩みを聞きながらアドバイスなどをすることである。そのため，新人職員と年齢が近い先輩職員がブラザー・シスターとして選ばれる。この制度が目指しているのは，新人職員とのコミュニケーションを図る機会を積極的に設けることで，早期離職を防ぎ，職場に定着することである。この制度のことをメンター制度と呼ぶ場合もある。メンター制度の場合には，先輩職員をメンターと呼び，新人職員をメンティーという。職場に慣れることなどが目的となるので，期間を限定して行うことが多く，次の新入職員が入職してくると終了し，ブラザー・シスターの役目を2年目の職員が担うこともある。

（3）人材育成への積極的な取り組みを認証する制度

京都府では，福祉業界の人材確保のために，給与や定着率，キャリアパスの透明化など，安心して福祉業界を選んでもらえるように，2013（平成25）年に全国ではじめて「きょうと福祉人材育成認証制度」を創設した。この制度は，三段階で構成されており，①人材育成に取り組む宣言【ホップ】，②認証基準を満たす事業所を認証する【ステップ】，③さらに進んだ取り組みをする事業所に対しては，上位認証【ジャンプ】を行うものである。

認証の基準となるのは，次の4分野17項目である[(2)]。

---

①　新規採用者が安心できる育成体制
- 新規採用者育成計画（OJT を含む）の策定
- 新規採用者研修（合同，派遣を含む）の実施
- OJT 指導者に対する研修等の実施

②　若者が未来を託せるキャリアパスと人材育成

- キャリアパス制度の導入
- 人材育成計画の策定
- 資質向上研修（合同・派遣を含む）
- 資格取得に対する支援（受験対策講座の開催・受験料の負担・受験手数料の負担）
- 人材育成を目的とした面談の実施
- 人材育成を目的とした評価の実施
- 給与体系または給与表の導入

③ 働きがいと働きやすさが両立する職場づくり
- 休暇取得・労働時間縮減のための取り組みの実施
- 出産後復帰に関する取り組みの実施
- 育児，介護を両立できる取り組みの実施
- 健康管理に関する取り組みの実施

④ 社会貢献とコンプライアンス
- きょうと介護・福祉サービス第三者評価の受診
- 地域や学校との交流
- 関係法令の遵守

図12-2　認証ステッカー

この項目について，きちんと実施されている場合には，承認されたことのわかるステッカーが配布される（図12-2）。

認証法人として実績を積み重ねていくと，上位認証法人として認められる。この上位認証は，より高度な基準を5分野と数値目標6項目についてクリアしなくてはならない。

【承認の基準となる5分野】
1　福祉職場のイメージアップと人材確保
2　若者が未来を託せるキャリアパスと人材育成Ⅰ（キャリアパスの枠組みと人材育成）
3　若者が未来を託せるキャリアパスと人材育成Ⅱ（評価と処遇）
4　働きがいと働きやすさが両立する職場づくり
5　社会貢献とコンプライアンス

【6つの数値目標】

- 正規職員の離職率（過去3か年度分の離職率）
- 新卒入職者の入職後1年以内の離職率（過去3か年度分の離職率）
- 正規職員の有給休暇取得率等，労働時間に関する評価（申請年度の前年度実績）
- 第三者評価における認証基準と類似の項目および利用者満足に係る項目のAの割合
- 正規職員の資格保有率
- 組織活性化プログラムの取り組み状況

　2021（令和3）年8月現在で認証を受けている施設は822施設，上位認証を受けている施設は12施設ある。

3　PDCA を活用した人材育成

　PDCA は，P（計画）→D（実行）→C（評価）→A（改善）を繰り返すことによって業務を継続的に実施したり，改善する方法として用いられている。この循環は組織の運営だけでなく人材育成の場面でも活用されている。先に述べたプリセプター制度においても活用されている。

　人材育成場面では，まず育成したい職員像について確認し，育成する計画を立案する。計画を作るための前提となるのは，「この職場におけるソーシャルワーカーの仕事」の全体像である。これがなければはじまらない。たとえば，ソーシャルワーカーがする仕事として20項目あったとする。そうすると，その20項目ができるようになるために必要な知識・技術をリストアップし，「何ができるようになればよいのか」を明確化する。さらに，何から教育すればよいのか優先順位をつけたり，具体的な時期なども決めていく（P）。

　その後，立てた計画を実行する段階になる。ここで，先に述べた OJT を活用していく（D）。計画がうまく進んでいるかどうかは，定期的に確認する。この方法は OJT シートを用いる場合もある。うまく進んでいるかどうかは，上司が判断するだけでなく，育成過程にある本人も自己評価することが大切である（C）。

　D と C を踏まえて，もう一度育成の内容を見直したり，身についていない

能力については，もう一度教育を行う。知識が十分でない場合には「講義」などで学ぶ機会が必要であるし，経験によって培われるものが不足しているのであれば，実践の機会を意図的に多くするなどの改善をしながら行っていく（A）。

4　スーパービジョンを用いた人材育成の実際

（1）スーパーバイザーは誰なのか

スーパービジョンを行う人をスーパーバイザー，スーパービジョンを受ける人をスーパーバイジーという。両者にスーパービジョン関係があるかどうかを理解するためには，いくつかのポイントがある。個人スーパービジョンでは，①スーパーバイジーからみて上司（先輩）にあたる（同職種），②同じ部署で働いているが同職種ではない上司，という場合もあるだろう。いずれにしても，所属する法人や会社の組織上の関係性をみておかなければならない。

また，組織内の上司ではなく，外部からスーパーバイザーを呼びスーパービジョンを受ける方法も最近では取り入れられるようになった。たとえば，障害者支援施設でスーパービジョンをしようとする。スーパーバイザーの立場となる人が施設内でうまくスーパービジョンができない場合には，同じような施設で働いたことのある経験豊富で，なおかつスーパーバイザーとしてこれまで人材育成をしてきた経験のある人にお願いする場合もある。このことを外部スーパービジョンという。

（2）グループスーパービジョンができる組織とは

グループスーパービジョンについては第9章で学んだ通りであるが，実際にグループスーパービジョンを職場で展開しようとするときには，いくつかの制約がある。スーパービジョンは事例検討とは異なるため，利用者Aさん，Bさんの事例を検討して援助方針を変更したり，経過を報告し合ったりするものではない。Aさん，Bさんのことで困っている職員に焦点が当てられる。そのため，グループスーパービジョンではAさん，Bさんのことを援助している自分

がどう思っているのか，考えているのかということを他の職員がいるなかで話すことになる。そのため，職員間の人間関係や信頼関係が構築されていない場合には，「ここでは言いたくない」「自分が思っていることを知られたくない」という感情をもつだろう。つまり，グループスーパービジョンが機能する職場というのは，組織内の人間関係が良好であるということが前提となる。

（3）スーパービジョンの実際

　実際にスーパービジョンでは，どのようなやりとりがなされるのだろうか。その一部についてみていきたいと思う。ここで示すのは，特別養護老人ホームに相談員として勤務しているＣさんのスーパービジョンである。Ｃさんは，先日利用者家族との面談がうまくいかずに落ち込んでおり，上司のＤさんに「しばらく面談からはずしてほしい」と言ってきた。唐突な申し出に上司Ｄさんは，「まずは話をしよう」と声をかけスーパービジョンをすることとなった。このスーパービジョンのスーパーバイザーは上司のＤさん，スーパーバイジーはＣさんである。

　以下は，スーパービジョンの展開である。

バイザー	「しばらく面談からはずしてほしい」とＣさんが突然言ってきたから，こちらもとても驚いているんだけど，何があったか話してもらえる？
バイジー	先日，私はその日から入居されるご利用者のご家族との面談で，家族にひどいことを言ってしまったようで落ち込んでいます。
バイザー	そうだったのね。思い出したくないかもしれないけど，そのときの状況を話してくれる？
バイジー	はい。私は，利用者Ｄさんが入居される日にご家族がいらっしゃったタイミングで，施設でお預かりするもの，今後持って来ていただきたいものなどについて説明させていただいていたんです。そのときに，Ｄさんのご家族が「在宅で介護をしていたときは，家内の化粧を私が毎日やっていました。入居した後も続けてほしいので家で使っていた化粧品を持ってきました」と言って，巾着袋を渡されました。でも，そのときに「他の入居者の方にしていないことを特別にＤさんだけにするわけにはいかないので，預かれません」と言って，お返ししてしまったんです。
バイザー	そんなことがあったのね。Ｄさんの家族はそれに対して，ご納得いただ

けたのかな？

バイジー　ご家族は「そうですか……そうですよね。施設にお願いするってそういうことですよね。わかりました。わがままを言ってすみません」と言って巾着をしまわれたんですが，すごく寂しそうで，何かあきらめた感じがして，その姿が忘れられないんです。「検討します」とか言っておいた方がよかったのかなって思って。

バイザー　「検討します」と言っておいた方がよかったのかもと思うのはなぜ？

バイジー　やれるかも，やってくれるかもしれないと期待してくれるので，がっかりして帰らなくて済んだかもしれないなと思いました。

バイザー　がっかりして帰ってほしくなかった？

バイジー　はい。あの姿は見たくなかったです。

バイザー　もし，「検討します」とあのとき言っていたら，実際に検討できそうなのかな？

バイジー　いや，それはできないです。個人の特別なニーズについては，やっぱり無理なことも多いです。介護職の人たちも忙しいですから。だから，介護職の人たちにも相談することもできないです。

バイザー　介護現場が忙しいことをあなたは相談員という立場でよく理解されているのね。

バイジー　入職1年目は介護の仕事をしました。そのときに，限られた人員で多くの利用者を介護しなくてはならない様子を見て大変だなと実感しました。

バイザー　そう。それは，あなたにとってケアを受ける高齢者や介護職員の人たちの懸命さを理解するよい機会だったのね。ところで，あなたは1年目の介護職としての経験をしたときに，今回のようなあなたの言う「特別なニーズ」に対応してほしいというご利用者やご家族はいらっしゃった？

バイジー　そうですねぇ。そんなことあったかなぁ。そういえば，ご利用者のなかで寝るとき以外，いつもスカートを履いている方がいました。最初に知ったときは「おしゃれだな」と思ったんですけど，介護しにくいだろうなって思っていました。ご利用者の着るものはご家族が持参されるので，どうして「ズボンにしてください」って言わなかったのかなと思いました。

バイザー　スカートを履いて施設のなかでも暮らしておられたのね。その当時，あなたが思っていたようなことを他の職員さんも言っていたのを聞いたことある？

バイジー　ないですね。入職して半年くらいして，休憩のときに先輩職員に「あの方は，どうしていつもスカート履いているんですか」と聞いたことがあるんです。そしたら，「あのスタイルが，一番○○さんらしいでしょ。

　　　　　理由はないよ。本人がスカートが履きたいって言っていたからね」と
　　　　　言っていました。
バイザー　そうなの。あなたは，その先輩職員さんの話を聞いて，どう思った？
バイジー　介護って本人の希望をそこまで聞くのか……って思いました。ADL が
　　　　　低下して日常生活にお手伝いが必要な人たちが多いので，効率性と能率
　　　　　性を考えたらスカートは，よくないのではないかって思ってたので。
バイザー　本人の希望をそこまで聞くのか……かぁ。あなたの仕事はどうだろう。
　　　　　相談員という仕事は，ご本人の希望は聞いていないの？
バイジー　私の仕事は，希望を聞きますけどできるかできないかは判断させても
　　　　　らっています。
バイザー　それは，あなたの判断なの？
バイジー　はい。ここで判断しておかないと介護現場に迷惑がかかります。
バイザー　あなたはとても責任感が強いのね。でも，ご利用者の希望は，介護現場
　　　　　に迷惑がかかることかな？
バイジー　かかると思います。負担になると思うので。
バイザー　じゃあ，さっき話してくれた毎日スカートで生活している利用者は，負
　　　　　担だったのかな。
バイジー　……。負担とは聞いたことがないです。
バイザー　そうかぁ。そうすると，あなたが落ち込む原因になった，お化粧をして
　　　　　ほしいというご家族の希望は，負担なのかな。
バイジー　そういわれると……わかりません。
バイザー　わからないかぁ。直接介護現場の人に聞く方法もあると思うけど，どう
　　　　　かな？
バイジー　そうですよね。迷惑かけちゃいけないって思っていて，相談員がきちん
　　　　　と判断しなければと思っていたんですけど，介護現場の人に聞いて一緒
　　　　　に考えればよかったんですよね。
バイザー　一緒に考えられたら，あなた一人の判断ではなくてチームとしての判断
　　　　　になるよね。
バイジー　そうですよね。何でも一人でやろうとしていたので，自分が苦しくなっ
　　　　　ていたんだと思います。ありがとうございます。

　スーパーバイザーとスーパーバイジーのやりとりを読んで，スーパービジョ
ンとはどういうことをするのか，少しイメージしていただけただろうか。ここ
で注目してほしいのは，スーパーバイザーがスーパーバイジーに対して，否定
せずに聞き，スーパーバイジーの思いや考えを語れるようにしている点である。

もし落ち込んでいる相談員Cさんに，スーパーバイザーが「あなたが勝手に判断したことはよくないことだったよね」「ご家族の気持ちを思ったらこんなこと言えなかったはずだよね」と言っていたとしたら，スーパービジョンではなく上司からの指導や指摘にとどまっていただろう。

　さらに，スーパービジョンでは焦点が当たるのは援助をしている相談員Cさんであり，利用者Dさんでも Dさんの家族でもない。この点が事例検討とスーパービジョンの大きな違いである。もし，この事例を事例検討しようと思った場合には，次のような展開が考えられる。

> バイザー　「しばらく面談からはずしてほしい」とCさんが突然言ってきたから，こちらもとても驚いているんだけど，何があったか話してもらえる？
>
> バイジー　先日，私はその日から入居されるご利用者のご家族との面談で，家族にひどいことを言ってしまったようで落ち込んでいます。
>
> バイザー　そのときのことを詳しく教えて。
>
> バイジー　はい。Dさんのご家族が面接のときに「家では，毎日私が化粧をしてあげていたのですが，明日からはできないので，こちらでお願いしようと思って持ってきました」といって，巾着を手渡されたんです。でも，Dさんにだけ特別にはできないので，断りました。
>
> バイザー　そんなことがあったのね。Dさんご家族は何かおっしゃってた？
>
> バイジー　「そうですよね。わがまま言ってすみませんでした」とおっしゃってました。
>
> バイザー　Dさんのご家族はどんな気持ちがしたでしょうね。
>
> バイジー　がっかりしたと思います。
>
> バイザー　なぜがっかりしたんだろう？
>
> バイジー　家でしていたことをお願いしただけなのに，駄目だと言われたから。
>
> バイザー　じゃあ，どうしたらがっかりさせずに済んだんだろう？
>
> バイジー　断るにしても，「毎日は無理かもしれないですが，時々いらっしゃってDさんにお化粧してあげてください」とお伝えすればよかったと思います。
>
> バイザー　では，次にご家族がいらっしゃったときには，そのように対応しましょう。そんなに落ち込まないで。誰でもあることだから。
>
> バイジー　ありがとうございます。

この場合には，ひどいことを言ってしまったと落ち込む相談員Cさんに，言われたDさんはどのような気持ちがしたのか，どのような対応をすればよかっ

たのかとスーパーバイザーがスーパーバイジーに投げかけた。つまり，個人的なニーズに対応できない場合にはどうしたらいいのかという検討をしただけになってしまった。結果的には「しばらく面談からはずしてほしい」ということで話のきっかけだったのに，「そんなに落ち込まないで。誰でもあることだから」と締めくくってしまった。この点において，スーパービジョンとはいえないやりとりだった。

注
(1)　厚生労働省（2020）「新規学卒就職者の離職状況（平成29年3月卒業者の状況）を公表します」（https://www.mhlw.go.jp/content/11652000/000689481.pdf　2021年9月2日閲覧）。
(2)　京都府『第3版　きょうと福祉人材育成承認制度』（https://kyoto294.net/pdf/n-hyoka-3.pdf　2021年11月5日閲覧）。

キーワード一覧表

☐　**キャリアパス**　仕事に就いている自分の最終目標を定めて，そこに向かっていくための道筋のこと。　　　　　　　　　　　　　　　　　　183
☐　**プリセプター制度**　指導者となる先輩職員（プリセプター）と新人職員（プリセプティ）が固定したペアを組み，日常の業務のなかで指導を行い，新人教育をサポートすること。　　　　　　　　　　　　　　　　185

一問一答　　　　　　　　　⇒○か×か，答えてみよう。解答は215頁を参照。

Q1　グループスーパービジョンをする際には，組織内の人間関係がどうであるかはまったく関係ない。　　　　　　　　　　　　　　　　　　　　（　　　）
Q2　プリセプター制度は，入職後数か月〜1年間行われるもので看護現場や介護現場で用いられている。　　　　　　　　　　　　　　　　　　　（　　　）

第13章

福祉サービスの現状と課題

　本章では統計データを用いて，福祉サービスの現状と課題を整理する。まず，社会福祉関連分野の法人として，社会福祉法人，医療法人，特定非営利活動法人を取り上げ，法人数の推移，法人の内訳，活動分野について確認する。次に，労働に関する課題として失業率と完全失業率，労働者数について取り上げる。続いて，虐待関係の状況と課題では，高齢者虐待と障害者虐待について確認する。最後に，福祉サービスのマンパワーに関する課題として，外国人人材の受け入れ状況について整理する。

1　社会福祉関連分野の法人数の推移

（1）社会福祉法人数の推移
　社会福祉法人数は微増で推移しており，令和2年では前年度より61法人増加の2万972法人となっている。2016（平成28）年の社会福祉法改正に伴う法定移譲により，社会福祉法人のほとんどが都道府県知事等所管となった（図13-1）。

（2）社会福祉法人の内訳
　2019（令和元）年度の社会福祉法人の内訳は，施設経営法人が1万8345法人，社会福祉協議会が1893法人，社会福祉事業団が126法人，共同募金会が47法人，その他が522法人で，施設経営法人が全体の87.6％を占めている（図13-2）。

（3）医療法人数の推移

　2021（令和3）年3月時点では99.3%が「社団たる医療法人」であり，2007（平成19）年の医療法改正後は「出資持分あり」の医療法人を新たに設置することができなくなり，「出資持分なし」の割合が増加している。また，医師または歯科医師が1名または2名の小規模の医療法人，いわゆる一人医師医療法人が全体の83.1%を占めている（図13-3）。

（4）特定非営利活動法人（NPO 法人）数の推移

　特定非営利活動法人（NPO 法人）は，阪神淡路大震災後の1998（平成10）年3号に議員立法として成立した「特定非営利活動促進法」に基づき設置される法人で，2021（令和3）年時点で5万829法人となっている。また，2011（平成23）年の法改正で税制上の優遇が認められる認定 NPO 法人制度が見直され，認定数が急速に増加した（図13-4）。

（5）特定非営利法人の活動分野

　NPO 法人の活動分野は，特定非営利活動促進法に規定されている活動分野が20種類あり，2021（令和3）年3月31日時点で最も多いものは「保健・医療又は福祉の増進を図る活動」であり，「社会教育の推進を図る活動」「子どもの健全育成を図る活動」「連絡，助言又は援助の活動」の順に続いている（図13-5）。

2　労働課題に関する状況

（1）就業者数と労働力人口の推移

　日本の人口は2008（平成20）年をピークに減少しているが，労働力人口は1990年代後半の水準を維持している（図13-6）。その要因としては女性の活躍推進や高齢者の就労促進等に関する各種施策の推進により，女性や高齢者を中心に就業率が上昇していることが要因として挙げられる。

（2）失業者数・完全失業率の推移

　失業者数は2008（平成20）年末からのリーマンショックの影響で大幅に増加した。その後の景気の回復に伴い2010（平成22）年から減少してきたが，2020（令和2）年はコロナ禍の影響により増加に転じている（図13-7）。完全失業率はリーマンショック後の不況により急激に上昇し，景気が回復し始めた2010（平成22）年から低下傾向が続いた。しかし，コロナ禍の影響により2020（令和2）年から上昇に転じている。

（3）正規および非正規の職員・従業員数の推移

　正規雇用の職員・従業員は2015（平成27）年より増加に転じ6年連続で増加している。コロナ禍の影響のある2020（令和2）年では男性の正規職員・従業員は2336万人（前年比2万人の増加），女性の正規職員・従業員は1193万人（同33万人の増加）であった。

　雇用の調整弁となっている非正規雇用労働者は景気に左右されやすく，2019（令和元）年までは増加が続いていたが，2020（令和2）年はコロナ禍の影響を大きく受け，男性の非正規職員・従業員数が665万人（前年比26万人減少），女性の非正職員・従業員数が1425万人（同50万人減少）と大幅に減少している（図13-8）。

3　虐待関係の状況と対策

（1）高齢者虐待

　養介護施設従事者等による高齢者虐待の相談・通報件数は増加しており，2020（令和2）年では相談件数が2097件，虐待判断件数は595件であった（図13-9）。高齢者虐待の防止，高齢者の養護者に対する支援等に関する法律（高齢者虐待防止法）が施行された2006（平成18）年と比較すると，相談件数で約7.7倍，判断件数で約11倍増加している。

　虐待の種別では，身体的虐待が最も多く52.0％，介護等放棄（ネグレクト）が23.9％，心理的虐待が26.1％，性的虐待が12.1％，経済的虐待が4.8％で

あった（表13-1）。

　養護者による高齢者虐待の相談・通報件数も増加しており，2020（令和2）年では相談件数が3万5774件，虐待判断件数は1万7281件であった。高齢者虐待防止法が施行された2006（平成18）年と比較すると，相談件数で約1.9倍，判断件数で約1.4倍増加している（図13-10）。

　虐待の種別では，身体的虐待が最も多く68.2％，介護等放棄（ネグレクト）が18.7％，心理的虐待が41.4％，性的虐待が0.5％，経済的虐待が14.6％であった（表13-1）。養介護施設等と比較すると，性的虐待の割合が低く，経済的虐待が高くなっている。

（2）障害者虐待

　障害者福祉施設従事者等による障害者虐待の相談・通報件数は増加傾向で，2019（令和元）年では相談件数が2761件，虐待判断件数は547件，被虐待者数は734人であった（図13-11）。障害者虐待の防止，障害者の養護者に対する支援等に関する法律（障害者虐待防止法）が施行された2012（平成24）年と比較すると，相談件数で約2.9倍，判断件数で約6.8倍，被虐待者数は約4.2倍増加している。

　虐待の種別では，身体的虐待が最も多く52.7％，介護等放棄（ネグレクト）が13.2％，心理的虐待が40.0％，性的虐待が7.3％，経済的虐待が9.9％であった（表13-2）。

　養護者による障害者虐待の相談・通報件数は増加傾向で，2019（令和元）年では相談件数が5758件，虐待判断件数は1655件，被虐待者数は1664人であった。障害者虐待防止法が施行された2012（平成24）年と比較すると，相談件数で約1.8倍，判断件数で約1.3倍，被虐待者数は約1.3倍増加している（図13-12）。

　虐待の種別では，身体的虐待が最も多く63.9％，介護等放棄（ネグレクト）が3.9％，心理的虐待が29.5％，性的虐待が15.0％，経済的虐待が20.7％であった（表13-2）。障害者施設従事者等と比較すると，身体的虐待，性的虐待，経済的虐待の割合が高くなっている。

4　福祉サービスのマンパワーに関する課題

　わが国における外国人人材受入れの仕組みは，表13-3の通りになっている。

　経済連携協定（EPA）の発効により，インドネシアについては2008（平成20）年度から，フィリピンについては2009（平成21）年度から，看護師や介護福祉士の国家資格取得を目指す候補者の受入れを開始している。また，2014（平成26）年度からは交換公文に基づくベトナムからの受入れも開始している。

　受入れ者数の推移はベトナムからの受入れを開始した2014（平成26）年以降大幅に増加しており（図13-13），国家試験合格者数をみると2021（令和3）年は440名で2014（平成26）年と比較すると約5.6倍増加している。

　日本で学ぶ外国人留学生が介護福祉士等の特定の国家資格等を取得した場合，引き続き国内で活躍できるために創設された在留資格「介護」が2017（平成29）年9月1日に施行された。2020（令和2）年では1714人の外国人が在留資格「介護」で国内の介護現場で就労している。

　技能実習制度は，国際貢献のため，発展途上国等の外国人を日本で一定期間（最長5年間）に限り受入れ，OJTを通じて技能を移転する制度であり，技能実習生「介護」は2017（平成29）年11月に「外国人の技能実習の適正な実施及び技能実習生の保護に関する法律」が施行され追加された。2018（平成30）年に1823人，2019（令和元）年には8967人を受入れている（図13-14）。

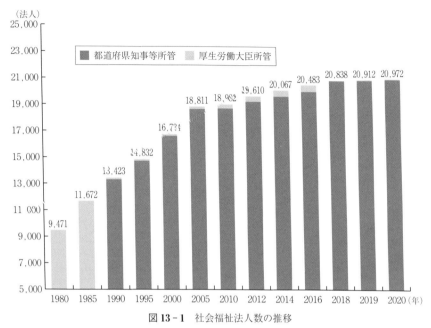

図 13-1 社会福祉法人数の推移

出所：厚生労働省（2021）『令和3年版 厚生労働白書資料編』をもとに筆者作成。

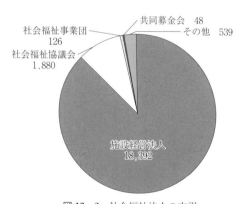

図 13-2 社会福祉法人の内訳

出所：「令和2年度福祉行政報告例」をもとに筆者作成。

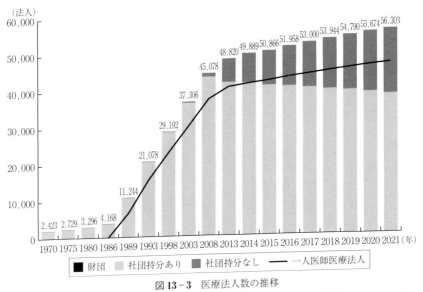

図13-3　医療法人数の推移

出所：厚生労働省（2021）「厚生労働省医療法人の推移（令和3年3月31日現在）」（https://www.mhlw.
go.jp/stf/seisakunitsuite/bunya/kenkou_iryou/iryou/igyou/index.html　2022年1月23日閲覧）をも
とに筆者作成。

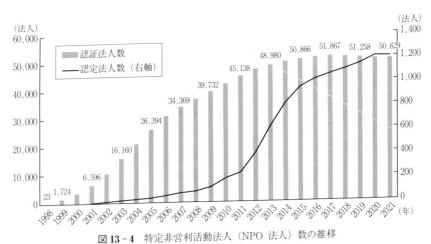

図13-4　特定非営利活動法人（NPO法人）数の推移

出所：内閣府「特定非営利活動法人の認定数の推移」をもとに筆者作成。

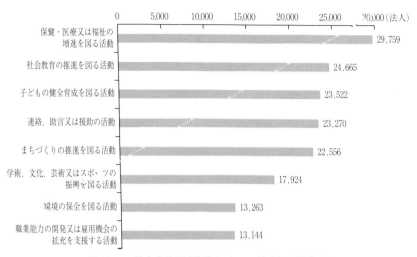

図 13 - 5　特定非営利活動法人（NPO 法人）の活動分野

出所：内閣府「特定非営利法人の活動分野について」をもとに筆者作成。

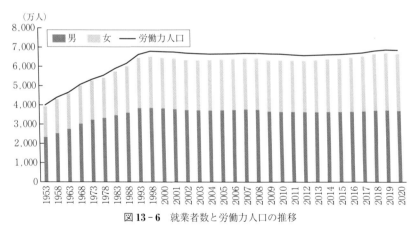

図 13 - 6　就業者数と労働力人口の推移

注：労働力人口は15歳以上の人口のうち、「就業者」と「失業者」を合わせたもの。
出所：総務省「労働力調査」をもとに筆者作成。

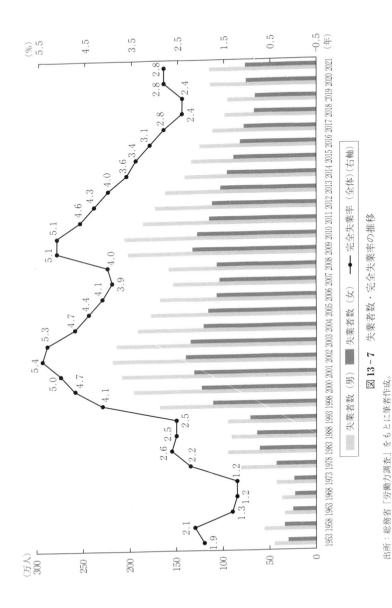

図13-7　失業者数・完全失業率の推移

出所：総務省「労働力調査」をもとに筆者作成。

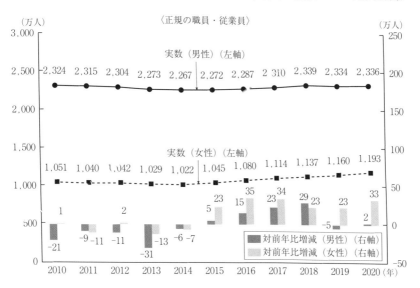

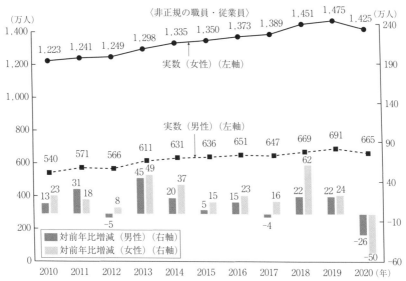

図 13 - 8　正規および非正規の職員・従業員数の推移

出所：総務省「労働力調査」をもとに筆者作成。

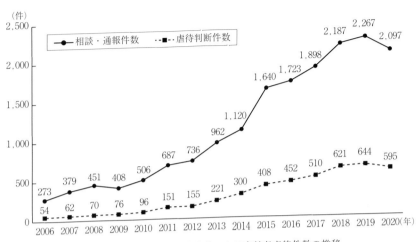

図13-9　養介護施設従事者等による高齢者虐待件数の推移

出所：厚生労働省「令和2年度『高齢者虐待の防止，高齢者の養護者に対する支援等に関する法律』に
　　　基づく対応状況等に関する調査結果」をもとに筆者作成。

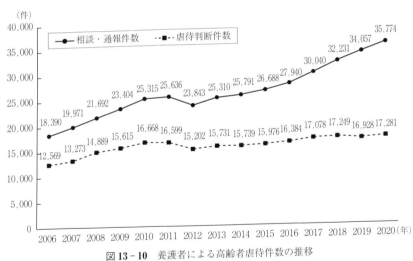

図13-10　養護者による高齢者虐待件数の推移

出所：厚生労働省「令和2年度『高齢者虐待の防止，高齢者の養護者に対する支援等に関する法律』に基
　　　づく対応状況等に関する調査結果」をもとに筆者作成。

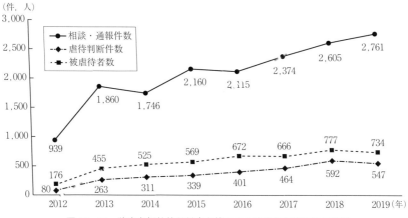

図 13 - 11　障害者福祉施設従事者等による障害者虐待件数の推移

出所：厚生労働省「令和元年度都道府県・市区町村における障害者虐待事例への対応状況等（調査結果）」
　　　をもとに筆者作成。

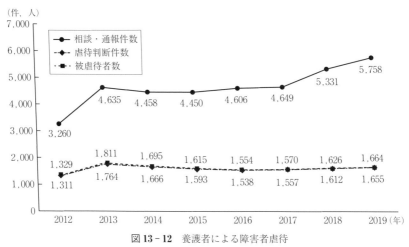

図 13 - 12　養護者による障害者虐待

出所：厚生労働省「令和元年度都道府県・市区町村における障害者虐待事例への対応状況等（調査結果）」
　　　をもとに筆者作成。

表13-1　高齢者虐待の種別の割合

	養介護施設従事者	養護者
身体的虐待	52.0%	68.2%
介護等放棄	23.9%	18.7%
心理的虐待	26.1%	41.4%
性的虐待	12.1%	0.5%
経済的虐待	4.8%	14.6%

出所：厚生労働省「令和2年度『高齢者虐待の防止，高齢者の養護者に対する支援等に関する法律』に基づく対応状況等に関する調査結果」をもとに筆者作成。

表13-2　障害者虐待の種別の割合

	養介護施設従事者	養護者
身体的虐待	52.7%	63.9%
介護等放棄	13.2%	3.9%
心理的虐待	40.0%	29.5%
性的虐待	7.3%	15.0%
経済的虐待	9.9%	20.7%

出所：厚生労働省「令和元年度都道府県・市区町村における障害者虐待事例への対応状況等（調査結果）」をもとに筆者作成。

表13-3　外国人人材受入れの仕組み

	制度趣旨	受入れ条件
EPA（経済連携協定）	2国間の経済連携の強化	介護福祉士の資格無（ただし資格取得が目的）母国の看護系学校の卒業生 or 母国政府より介護士に認定
在留資格「介護」2017年9月1日〜	専門的・技術的分野の外国人の受入れ	介護福祉士の資格有
技能実習2017年11月1日〜	本国への技術移転	介護福祉士の資格無（送出国で同種の業務経験あり）実務要件等を満たせば，介護福祉士国家試験受験可能
特定技能1号2019年4月1日〜	人材不足対応のための一定の専門性・技術を有する外国人の受入れ	介護福祉士の資格無 介護技能評価試験・介護日本語評価試験合格 実務要件等を満たせば，介護福祉士国家試験受験可能

出所：筆者作成。

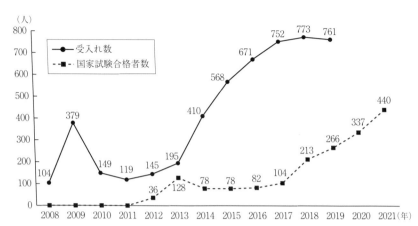

図 13 - 13　EPA に基づく外国人介護福祉士の受入れ状況と国家試験合格者数の推移

出所：公益社団国際厚生事業団（2020）「経済連携協定に基づく外国人看護師・介護福祉士候補者 受入れ説明会」参考資料および厚生労働省（2021）「第24回～第33回介護福祉士国家試験における EPA 介護福祉士候補者の試験結果」をもとに筆者作成。

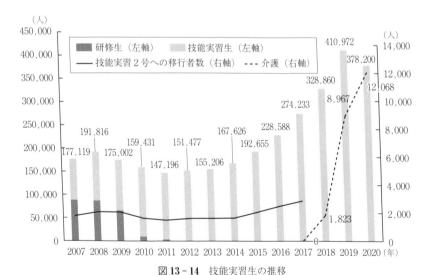

図 13 - 14　技能実習生の推移

注：2010（平成22）年 7 月に制度改正が行われ，在留資格「研修」が「技能実習 1 号」に，在留資格「特定活動（技能実習）」が「技能実習 2 号」となった。

出所：法務省「外国人技能実習制度について」および外国人技能実習機構「外国人技能実習機構業務統計」をもとに筆者作成。

一問一答　解答と解説

第1章

A1　×　障害種別に分かれていたサービスが一元化されたのは，障害者自立支援法からである。

A2　○　現在の福祉サービスのほとんどは契約制度に変更となっているが，虐待等の理由により契約によってサービスの提供ができない場合などには措置制度が適用される。

A3　○　2014（平成26）年より，経営情報が公表義務化された。社会福祉法人が公表する財務諸表は，貸借対照表・資金収支計算書・事業活動収支計算書である。

第2章

A1　×　特定非営利活動法人（NPO 法人）は所轄庁の認可ではなく，認証を受けた後，登記を行うことで設立となる。

A2　○　問題文にある公益社団法人と同様に，公益財団法人も一般財団法人が公益法人認定法に基づき公益の認定を受けた法人を指す。

A3　×　第一種社会福祉事業の経営主体は原則として，国，地方公共団体，社会福祉法人である。経営主体に制限が設けられていない事業は，第二種社会福祉事業である。

第3章

A1　×　社会福祉法人は社会福祉事業を行うことを目的とした非営利法人である。

A2　×　社会福祉法人の理念として「公益性」「非営利性」「公共性」「純粋性」が求められている。

A3　○　設問の通りである。NPO 法第2条に「特定非営利活動法人」とは不特定かつ多数のものの利益の増進に寄与することを目的とするものと定められている。

A4　×　設立にあたっては所轄庁の「認証」を得て，登記することで活動ができる。

A5　○　設問の通りである。またその収益を本来業務の経営に充てることができ，社会福祉法人債を発行できる。

第4章

A1　×　施設等給付の場合は国20%，都道府県17.5%，市町村12.5%となる。

A2　×　地域支援事業の場合は第2号被保険者の保険料は財源とされない。

A3　○　ステークホルダーとは利害関係者のことで，社会福祉士は支援を開始する際に支援の必要性の判断や介入の根拠，費用等の情報開示や説明を行う必要がある。

A4　×　国と市町村，国と都道府県をそれぞれ比較すると2対1となるが，地方自治体は都道府県と市町村両方を指すので，合計すると1対1となる。

A5　○　平成17年度に一般財源化され，市町村の全額負担となっている。

第5章

A1　×　2016（平成28）年3月の社会福祉法の改正によって，社会福祉法人制度改革や福祉人材の確保促進の措置が講じられた。

A2　×　経営理念は組織の根幹をなすものであり，経営戦略と一体的に検討する必要がある。

A3　×　組織の力を発揮するために組織の強み弱みを検討して組織形態を構築することが求められる。

第6章

A1　○　設問内容の通りである。組織を考察するうえで，基盤となる重要な定義であるので，しっかりと押さえておきたい。

A2　×　SL理論は，ハーシーとブランチャードによる。ロビンスは，集団におけるメンバー（人々）の行動を規定する役割，規範，地位，凝集性，規模，構成の構造の存在を指摘している。

A3　×　PM理論は，三隅二不二による。テイラーは，科学的管理法を示している。

A4　×　設問内容は集団浅慮（グループシンク）に関する説明である。集団傾向（グループシフト）は，集団による決定と集団のメンバー個人による決定の比較結果は，両者に違いがあることを示唆し，集団による決定の方が個人の決定よりも慎重になる場合があり，リスクが大きくなる傾向も強いことを意味する。

A5　○　設問内容の通りである。その他の研究として，オハイオ研究があり名称が比較的似ているため，混同しないよう注意が必要である。

A6　×　設問内容はライン組織に関する説明である。なお，ファンクショナル組織（職能的組織）は，管理者が各専門機能を分担し，担当者は各専門分野の管理者から指示・命令を受ける組織形態を意味する。

第7章

A1　○　PDCA サイクルにおいては，組織の特定の者だけで取り組むのではなくさまざまな立場にある職員が関わり推進していくことが重要である。

A2　×　社会的養護関係の施設においては，3年に1度の受審義務となっている。

A3　×　義務ではないが，社会福祉法人の責務と役割を理解し，作成することが推進されている。

第8章

A1　×　苦情には，迅速に対応することが重要である。

A2　×　適切に公表して今後の対応について説明責任（アカウンタビリティ）を果たすことが大切である。

A3　○　質の高いサービスを提供することは，事故の予防につながる。

A4　○　2021（令和3）年4月より介護保険施設において業務継続計画（BCP）は，策定義務である。ただし，3年間の猶予措置がある。

A5　○　自然災害のときは，まずは，自施設のサービスの継続，利用者の安全確保，職員の安全確保，そして地域貢献が求められる。

第9章

A1　○　スーパービジョンには，3つの機能がある。スーパーバイジーが仕事になじめるように業務量を調整するなど職場環境を整えるための管理機能，スーパーバイジーの不安をやわらげ，効果的な支援ができるように支えるための支持的機能，スーパーバイジーが専門職として支援するうえで必要な価値・知識・技術を伝えるための教育的機能である。

A2　×　ハロー効果とは，特定の評価要素が際立って見えると，別の要素についても同じような評価をしてしまうことをいう。評価が標準・普通に集中するのは中心化傾向である。

A3　○　OJT は，職務を通じての研修であり，上司（先輩）が部下（後輩）に対

して，職場内の業務を通して指導する仕組みである。

A4　×　目標管理制度における目標の設定は，個人の場合やグループの場合があり，目標の設定とその達成具合から仕事を評価する。その際には，上司との面談により本人の能力を含めて評価することや，合意したうえで目標を設定することが大切である。

A5　○　職員がキャリアアップのために必要となる基準や条件が明確なキャリアパスを確認することで，自分の仕事に対するモチベーションの維持や向上につなげ，目標をもって意欲的に仕事に取り組むための仕組みである。

第10章

A1　×　労働者基準法によって義務づけられている。

A2　○　科学的管理法は1900年代にアメリカの技術者・経営学者であるテイラーによって考案された。

A3　○　労働三法とは戦後に定められた，労働者を守るための基本的法律である三法の総称。

A4　×　内容はマタニティ・ハラスメントの説明。パタニティ・ハラスメントは男性が育児に関して受ける嫌がらせ。

A5　×　産前・産後休業は女性のみ取得できる。

第11章

A1　×　社会福祉法人では，営利組織で行われる出資方式ではなく，代わりに寄付制度が導入されている。

A2　○　各制度・施策の根拠法等に基づき実施される。なお，補助金の交付に関する適切な執行を行うため，「補助金等に係る予算の執行の適正化に関する法律」等により取り扱いが規定されている。

A3　×　社会福祉法の規定に基づいて作成された厚生労働省令の「社会福祉法人会計基準」（2016（平成28）年制定）によって処理がなされなければならない。

A4　×　社会福祉法では社会福祉法人は毎会計年度終了後3か月以内に，各会計年度に係る計算書類（貸借対照表・収支計算書），事業報告とその附属明細書を作成しなければならないと定められている。

A5　○　「社会福祉法人会計基準」第2条参照。

A6　○　ホームページ参照（https://www.wam.go.jp/wamnet/zaihyoukaiji）。

第12章

A1　×　グループスーパービジョンは，他のスタッフの前で自分の考えていることや思いを話せる人間関係が成り立っていないと難しい。

A2　〇　実務の修得とメンタルケアを目的として看護，介護現場で行われている。主に入職後3〜4年の先輩が新人職員を指導する。

おわりに

　福祉サービスを利用する人びとにとって，それぞれの事業所におけるケアへの取り組みは大きな意味をもちます。福祉サービスの提供が運営から経営へと大きな転換を迎えるなかで，それらは利益を追求するものではなく，人間として日々の生活を営むことへの尊厳を守ることの保障が根底としてなければなりません。

　住み慣れた家での暮らしがさまざまなハプニングやその人の日常の出来事が積み重なっており出される空間であるのとは対照的に，施設や専門機関での暮らしはケアのために組織化された生活であり，その日課や活動は支援という目的に即して成り立っています。福祉サービスとして提供される暮らしは，家庭での生活がもたらす些細な喜びや驚き，文化的な豊かさ，大声を出さなくても通じる会話の場，季節や天候の具合，その日の気分によって融通のきく食事の時間や入浴，人目を気にしないで過ごす時間など，できる限り支援を工夫することによって大きく変わってきます。

　社会福祉領域で役立ちたいと願う学生をはじめ，本書を手にした読者の方々が，社会福祉が拠って立つ価値に確信をもち，エッセンシャルワーカーとしての自分づくりと，改めて福祉サービスとは何かについて追求する一助として，この書を役立てていただければ幸いです。

　最後になりましたが，発刊の機会をいただいた監修の杉本敏夫先生（関西福祉科学大学名誉教授），分担執筆の労を担われた先生方，企画から校正まで細やかな配慮をいただいたミネルヴァ書房の亀山みのり氏に心より感謝申し上げます。

　2022年2月

編者　小口将典

さくいん
（＊は人名）

監修者紹介

杉本　敏夫（すぎもと・としお）

現　在　関西福祉科学大学名誉教授
主　著　『新社会福祉方法原論』（共著）ミネルヴァ書房，1996年
　　　　『高齢者福祉とソーシャルワーク』（監訳）晃洋書房，2012年
　　　　『社会福祉概論（第3版）』（共編著）勁草書房，2014年

執筆者紹介（執筆順，＊印は編者）

＊小口　将典（第1・5章）
　おぐち　まさのり
編著者紹介参照

竹下　徹（第2章）
　たけした　とおる
周南公立大学人間健康科学部准教授

古市　孝義（第3章）
　ふるいち　たかよし
大妻女子大学人間関係学部助教

山田　裕一（第4章）
　やまだ　ゆういち
関西福祉科学大学心理科学部専任講師

田中　康雄（第6章）
　たなか　やすお
西南学院大学人間科学部教授

牛島　豊広（第7章）
　うしじま　とよひろ
周南公立大学福祉情報学部准教授

松久　宗丙（第8章）
　まつひさ　そうへい
医療法人社団崇仁会船戸クリニック天音の里施設長

木村　淳也（第9章）
　きむら　じゅんや
会津大学短期大学部准教授

酒井　美和（第10章）
　さかい　みわ
帝京大学文学部講師

吉田　祐一郎（第11章）
　よしだ　ゆういちろう
四天王寺大学教育学部准教授

汲田　千賀子（第12章）
　くみた　ちかこ
同朋大学社会福祉学部教授

仲野　浩司郎（第13章）
　なかの　こうじろう
大阪公立大学非常勤講師，羽曳野市生活福祉課

編著者紹介

小口　将典（おぐち・まさのり）

　現　在　関西福祉科学大学社会福祉学部准教授
　主　著　『子どもと家庭を支える保育――ソーシャルワークの視点から』（共編著）ミネルヴァ書房，2019年
　　　　　『ソーシャルワーク論――理論と方法の基礎』（共編著）ミネルヴァ書房，2021年

最新・はじめて学ぶ社会福祉⑫
福祉サービスの組織と経営

2022 年 5 月 1 日　初版第 1 刷発行	〈検印省略〉
2024 年 7 月 10 日　初版第 2 刷発行	

定価はカバーに
表示しています

監 修 者	杉　本　敏　夫
編 著 者	小　口　将　典
発 行 者	杉　田　啓　三
印 刷 者	坂　本　喜　杏

発行所　株式会社　ミネルヴァ書房
607-8494　京都市山科区日ノ岡堤谷町 1
電話代表　（075）581-5191
振替口座　01020-0-8076

ISBN 978-4-623-09299-4

Printed in Japan

杉本敏夫　監修

——————— 最新・はじめて学ぶ社会福祉 ———————

全23巻予定／Ａ５判　並製

順次刊行，　●数字は既刊

——————— ミネルヴァ書房 ———————

https://www.minervashobo.co.jp/